U0731132

Linking Strategy and Data: Excel in Human Resource Planning

上承战略 下接数据

人力资源规划 从入门到精通

潘 平◎著

清華大學出版社
北京

内容简介

本书从企业战略目标导入，从市场业务计划、营销能力、财务预算、生产组织方式等方面来构建人力资源规划体系，从定岗、定编、定员的角度来阐述人力资源规划的技术方法，同时介绍了人力资源规划管理体系的全要素、全流程、全模板。通过学习本书，读者可以了解如何进行内外部环境分析，明确如何通过人力资源盘点来进行存量分析，也可以学会对各类人员的人力资源规划技巧、人力资源规划的绩效管理方法等，还可以学会如何运用人力资源统计工具。

本书为企业人力资源规划提供了全套方案，是一本能够促进企业人力资源规划有效实施的工具书。本书不仅可作为人力资源从业人员的指导用书，还可作为企业培训师、管理咨询师以及高校相关专业本科生的参考用书。

图书在版编目(CIP)数据

上承战略　下接数据：人力资源规划从入门到精通 / 潘平　著. —北京：清华大学出版社，2020.1
（2021.8重印）

（人力资源管理高端视野丛书）

ISBN 978-7-302-54270-4

Ⅰ. ①上… Ⅱ. ①潘… Ⅲ. ①企业管理—人力资源管理 Ⅳ. ①F272.92

中国版本图书馆 CIP 数据核字 (2019) 第 258809 号

责任编辑：施　猛
封面设计：汪要军
版式设计：方加青
责任校对：牛艳敏
责任印制：宋　林

出版发行：清华大学出版社
　　　　网　　址：http://www.tup.com.cn，http://www.wqbook.com
　　　　地　　址：北京清华大学学研大厦A座　　　　　邮　　编：100084
　　　　社 总 机：010-62770175　　　　　　　　　　邮　　购：010-62786544
　　　　投稿与读者服务：010-62776969，c-service@tup.tsinghua.edu.cn
　　　　质 量 反 馈：010-62772015，zhiliang@tup.tsinghua.edu.cn
印 装 者：三河市国英印务有限公司
经　　销：全国新华书店
开　　本：180mm×250mm　　　　印　　张：15.25　　　字　　数：257千字
版　　次：2020 年 1 月第 1 版　　　印　　次：2021 年 8 月第 3 次印刷
定　　价：59.00元

产品编号：082318-01

序

2014年夏天，我第一次登上青藏高原，沐浴着高原之风，聆听着"呀拉索，那就是青藏高原"的天籁之音，经历了身心的洗礼，这是一种何等的幸福！

登高望远，看到了山峰的神奇美丽；翻山越岭，品味了纳木错湖的圣水；舞榭歌台，谛听了"大唐公主和亲的传奇"……这一切是那么遥远又那么触手可及，是那么神秘又那么真实。回来后我继续写书，终于在2015年初完成了我的第一本著作《上承战略 下接人才——人力资源管理高端视野》。该书出版后反响很好，深受读者喜爱。受此鼓励，我将多年积攒下来的实战经验进行整理，结合这些年的潜心研究，在随后的几年里又陆续出版了两本有关培训、招聘的专业书籍。今年年初，我的第四本著作《上承战略 下接激励——薪酬管理系统解决方案》面世，此书延续了"上承战略 下接人力资源业务"的管理思想，与之前的三本著作一脉相承。

为使我的人力资源管理思想体系更加完整，今年我对已出版的招聘书籍进行了改版，取名为《上承战略 下接人才——招聘管理系统解决方案》，同时新著了《上承战略 下接赋能——绩效管理系统解决方案》。这样一来，我的"一体两翼两平台"人力资源管理思想体系正式形成！

为什么要构建"一体两翼两平台"的人力资源管理体系？我是从战略、人才、激励三个维度来思考的，并按以下的管理逻辑来建构的。

一个企业成功了，管理大师都会对其进行剖析，分析其成功之道。有的说是战略指引得好，有的说是文化建设得好，有的说是企业机会把握得好，等等。这些说法都有一定的局限性。从我多年的分析总结来看，企业成功的关键在于"人"，因为"人"才是创造和改变企业的真正原动力。

战略是人制定的！一个企业的战略要么是老板本人及管理团队共同制定的，要么请外部咨询机构来做，无论采用哪种方式，最终都离不开人。战略是对未来的规划，最终的实现要依赖人的能力。因此，一个优秀的企业必定拥有优秀的企业家及团队。他们不仅志存高远、高瞻远瞩，还善于使用社会优秀人才，不断推动企业的发展。

"上承战略"是人力资源管理体系的"一体"所在。作为企业的重要职能部门，人力资源管理者必须学会诠释企业战略。企业战略指向哪里，人力资源前进的方向就在哪里。人力资源为企业战略提供各种资源保障，"逢山开路、遇水搭桥"，助力将士们从一个胜利走向另一个胜利。"上有承接"才能去分责、去担当，实现职能价值，这正是人力资源要上承战略的精髓所在！

鸟儿有丰满的羽翼才能持续飞翔，企业有"丰满的双翼"才能在竞争中取胜。那么企业的"两翼"是什么呢？在哪里呢？

企业的竞争说到底就是资源的竞争，人、财、物等资源是一个企业生存发展的根本，而人才资源是这些资源的基础。企业只有拥有优秀的人才，才能把财物资源用好并让其增值。那么，优秀的人才是怎么来的？无外乎"外招与内培"，"无才则招，有苗育好"，这是优秀企业人才发展的最佳途径。过于依靠外聘人才的企业走不远，因为人才如锥子，放在身上，一头要出头，一头要扎人。企业很难去整合这些社会人才，使其融入企业文化；这些社会人才也很难对企业忠诚，所谓"高薪招来人中凤，企困来时早先飞。"但是企业要发展、要创新、要突破、要激活，自然需要引入外来人才。"招好人、招对人、闻同味、共创业"，让他们快速融入企业，为企业所用并发挥好价值，这是企业追求的目标。因此，企业管理者、人力资源管理者必须懂得招聘之术，招对人才并用好人才。我的《上承战略 下接人才——招聘管理系统解决方案》一书，正是针对以上问题提出系统解决方案。

招人需要付出较高的成本，通过"高平台、高薪酬、高福利"招聘进来的人才会让那些内生培育出来的人才产生一定的竞争压力。优秀企业都注重人才的内生培养，强调人才内生文化，培育企业优秀人才的文化基因。于是，他们重视校园人才的培养，建立自己的培养体系，组建自己的培训大学，系统培养自己的人才。

招聘关键人才来突破企业能力瓶颈，快速提升业务绩效，加速企业发展，同时加强对企业存量人才和新招校园人才的培养，这有助于企业人才发展两翼齐飞，构建人才发展生态链，从而使企业拥有源源不断的人才。我的培训书中构建的"6•5•4•1培养体系"正是为了系统解决人才培养的难题。

人才依靠平台飞翔！评判人才的标准是什么？不仅是高学历、丰阅历、高薪资、名企，更关键的是他们能否为企业带来价值、创造绩效。那么，靠什么来评价经营绩效？要靠销量、利润、规模、占有率、资金流等关键绩效指标，这些指标是企业经营的顶层绩效指标。"上承战略"自然要承接这些顶层绩效指标，而如何去承接并达成，这就是人力资源绩效管理的内容。企业对员工进行绩效管理，让大家去关注组织绩效，努力达成个人绩效，让优秀的人才创造卓越绩效，这是绩效管理的根本。因此，建立绩效管理文化，让绩效不是寒冰而是熊熊燃烧的烈火，让这"烈火"驱动绩效发动机快速运转，进而让绩优者获得升职加薪，让绩劣者远离，这样的企业才能有活力，才会有发展！我的《上承战略 下接赋能——绩效管理系统解决方案》一书正是从以上内容出发提出了系统解决方案。

人才如良驹，要他们日行千里、夜行八百，必然要提供优质粮草，这样才能让他们保持良好的身体状态，才能有战斗力。对企业来讲，优质粮草是一个"拥有与分配"的话题，是"挣钱与分钱"的问题；而对员工来说，就是"工作与攒钱"的问题。企业要注重激励分配管理，是当期挣钱当期分钱，还是当期挣钱长期分钱，这取决于企业的激励机制。"金手铐"铐得了人身还应铐得住人心，"身心合一"才是激励的最高境界！

绩效管理平台和薪酬激励平台是企业和员工契合的关键纽带。企业要建设好这两个平台，要随市而变，不断优化平台，让员工在工作中有成就感，在生活和家庭中有幸福感，在社会上有自豪感。员工在这样好的平台上一定会努力工作，想不忠诚都难！

企业除了要构建好顶层管理体系，构筑好企业文化，营造良好的工作氛围和环境，还要让员工快乐工作，努力奋斗，有目标、有发展、有安全、无后忧，这才是优秀的企业。

正是基于以上思考，本人结合20多年的研究和管理实践，经过不懈努力，探索、总结、提炼，一个完整的人力资源管理思想体系——"一体两翼两平台"逐渐形成。"一体"为战略，"两翼"分别为人才招聘和员工培训，"两平台"分别为绩效管理和薪酬激励。企业导入并拥有这套体系，人力资源管理的问题就迎刃而解了。"一体两翼两平台"的管理模型如图0-1所示。

图0-1 "一体两翼两平台"管理模型

这套管理体系由5本书构成，它们分别是《上承战略 下接人才——人力资源管理高端视野》《上承战略 下接人才——招聘管理系统解决方案》《上承战略 下接绩效——培训管理系统解决方案》《上承战略 下接赋能——绩效管理系统解决方案》《上承战略 下接激励——薪酬管理系统解决方案》。

除了"一体两翼两平台"的5本书之外，我又撰写了《上承战略 下接数据——人力资源规划从入门到精通》一书。本书从企业战略目标导入，从市场业务计划、营销能力、财务预算、生产组织方式等方面来构建HR规划体系，从定岗、定编、定员的角度来阐述HR规划的技术方法，同时对人力资源规划管理体系的全要素、全流程、全模板进行了介绍。通过学习本书，读者可以了解如何进行内外部环境分析，如何通过人力资源盘点来进行存量分析，还可以学会对各类人员的人力资源规划技巧、人力资源规划的绩效管理方法和人力资源统计工具等。

人力资源规划是战略引领下的规划，招聘、培训、绩效、薪酬都是人力资源规划的内容，人力资源规划具有前瞻性、基础性、全局性。人力资源管理战略要符合企业的发展战略，人力资源管理各模块要在人力资源管理战略的引领下开展工作。开展人力资源规划时，我们要以数据为基础，用事实说话，具体问题具体分析，从企业全局的角度出发做好各子模块的规划工作。

至此，我完成了战略、招聘、培训、绩效、薪酬、规划6本书。作为一个HR老兵，我将20多年的人力资源管理经验做了一个系统总结，希望能对中国的企业管理思想有所助益，希望能对读者有所帮助。

管理有道！上善若水是自然法则。企业的战略要随势而变，不可一意孤行、要"知止"，要知道战略行进到什么地方为止，否则企业将走向衰亡。互联网时代告诉我们，"资本知止而不续投，股票知止要止损"，这些都是优秀企业家的智慧。人也是如此，"明知山有虎，何必山中行"，退避也是一种选择，是以退为进，是为了企业能够更好地发展！

管理有法！人要遵守自然法则，方可在自然中生存；人要遵守国家法律，才是一个合法公民；员工要遵守企业规章制度，才是一个合格员工。一个企业没有规章制度，员工各行其是，企业文化如何形成？人力资源部门是制定这些规则的部门，在制定规则时既要符合企业经营管理要求，又要从人性出发符合员工需求，以共同努力达成共同目标，做到"人企合一""知行信改"。企业的制度如果得不到员工的认同，是无法落地的，企业也会因为这些不合规、不合情理的制度而导致人散企亡，鸣呼哀哉！

管理有术！制度刚性，管理柔性。不同的人力资源管理者与不同的员工交流，其结果是千差万别的。完美的人力资源管理需要智商与情商的高度结合。有些人说，不懂业务的人力资源管理者不是优秀的人力资源管理者。我却认为，情商不高的人力资源管理者不是优秀的人力资源管理者。不懂业务，可以学习；情商不高，则很难改变。面对各种各样的员工，拥有好的管理之术才是最重要的。因为管理人比管理其他方面都重要、都难，管理好人才能管理好万事！

管理有器！面对强大的对手要敢于亮器，这是"亮剑精神"。手里没有"倚天剑"，你的勇气从何而来？因此，企业要锻造自己的"倚天剑"，建立完善的企业制度是非常重要的。

企业什么都有了，那么我们应该拥有什么？

人生四季，"春有百花秋有月，夏有凉风冬有雪。莫将闲事挂心头，便是人间好时节"。我们生活在四季轮换之中，我们应如何面对四季的变换呢？

做一个有智慧、有远见、有目标、有理想的人；做一个有追求、遇事不慌、身轻前行的人；做一个有情商、有爱心的人……做人要正直大气，这样才能让人尊重。在职场上要有能力，要专业，这样才能让人信服。做事易，做人难，我们只有把人做好、把事做对，这样才是真正的人才，否则就是庸人。

今年8月从草原归来，我对人生又有些感悟。策马扬鞭不负青春年华，草原美色离不开雨露滋润。马头琴声悠扬，是对草原的无限赞美。羊鞭高举，轻轻落下，打在羊儿身上，也打在我的心上。心中的目标在远方，我的追求在路上。"职不止，梦不休。"谨以"一体两翼两平台"管理思想体系奉献给读者，希望读者能够爱上每天初升的太阳。

高原的风，草原的雨，让四季都美丽。目前正值景美果丰的秋季，我将不忘初心，继续前行，争取把最好的书呈现给我的家人和朋友们，并与大家共勉美好未来！

2019年秋

潘 平

目录

第1章

人力资源规划顶层设计——
从战略目标看人力资源规划

第2章

人力资源规划要素设计——
从业务规划到人力资源规划

第3章

市场需求预测有效方法——
市场需求确定业务发展目标

第4章

编制业务销售计划技巧——
营销能力确定业务销售目标

第5章

编制全面财务预算技巧——
经营能力确定财务预算目标

第6章

定岗管理技巧方法——
组织管理效能确定岗位

第7章

定编管理技巧方法——
职能职责设计确定编制

第8章

定员管理技巧方法——
工作效率目标确定人数

第 9 章

产品工时测量及排班管理——
制造效率确定工时排班

第 10 章

构建人力资源规划管理体系——
基于提升人本效能管理体系

第11章

企业内外经营环境分析——
规划路径取决企业环境变化

第12章

人力资源盘点最佳方法——
评估资源用好现有存量

第13章

职能业务人力资源规划——
管理效能确定人员规划

第14章

营销人员人力资源规划——
市场效率确定人员规划

第15章

生产人员人力资源规划——
生产效率确定人员规划

第 16 章

如何编制人力资源总体规划

第 17 章

人力资源规划运行绩效评价

第 18 章

如何进行人力资源规划审计

第 19 章

编制人才发展规划模板与方法

第 20 章

人力资源统计管理工具与方法

第 1 章

人力资源规划顶层设计——
从战略目标看人力资源规划

|1.1 人力资源规划概念和特点|

1.1.1 人力资源规划概念

人力资源规划是指企业为实施战略发展，完成企业的战略经营目标，根据企业内外部环境和资源的变化，本着承接战略、资源充分利用、人力资源有效配置、持续提高投入产出绩效等原则，运用科学的技术方法对企业未来发展的人力资源数量需求、结构需求以及供给状况进行预测，并制定相应的策略和措施，从而使企业人力资源供给和需求达到最佳匹配。

人力资源规划是将组织发展战略系统地融入职位编制、人员配置、教育培训、薪金分配、职业发展等人力资源管理的各个业务模块中，从而有效整合并协调各种因素和资源的过程，是一种全面且常用的组织计划安排。

1.1.2 人力资源规划特点

人力资源规划也是一种活动，它从战略的角度出发，去探索和掌握人力资源系统的发展规律，并运用这些规律去规定和调控未来时期人力资源系统的动态过程。总体来说，人力资源规划具有如下特点。

1. 前瞻性

人力资源规划是根据企业的发展战略、环境变化等情况，对企业人员需求数量及结构的预测，指导人力资源管理的未来活动。因此，在编制人力资源规划之前，需要对现有人力资源情况进行统计分析，对未来情况进行分析预测，把握未来发展趋势，做到未雨绸缪。

2. 持续性

人力资源规划是一项持续性工作，它不仅对未来几个月或1年甚至更长时间的人力资源需求进行预测，还要根据时间周期，进行季度计划、年度计划、中长期规划的管理，并根据经营环境变化及时进行滚动调整。

3. 系统性

人力资源规划是企业发展战略总规划的核心要素，它向上承接企业的战略目标，与业务计划运行趋同；向下作为人力资源其他业务的输入，是企业招聘计划、人才发展计划、用工规划等业务的输入依据。

1.2 人力资源规划内容和分类

人力资源规划将企业经营战略和目标转化为人力资源需求，从企业整体的、超前的和量化的角度来分析制定人力资源管理一系列具体目标和实施规划。

1.2.1 人力资源规划主要内容

人力资源规划主要包含人力资源战略规划、组织规划、策略规划、人员规划、成本规划5个方面的内容。

1. 战略规划

战略规划是根据企业总体发展战略目标，制定企业人力资源开发和利用的方针目标、管理策略，是制订人力资源各种具体计划的方向指引。

2. 组织规划

组织规划是对企业整体组织框架的设计，主要包括组织和职能评估、组织调查、诊断和评价、组织设计与调整，以及组织框架的重新定义规划和设置等。

3. 策略规划

策略规划是实现人力资源总体规划目标的重要保证和支撑，包括人力资源规划的相关制度、人力资源管理的相关政策、人力资源管理的相关体系等方面的内容。

4. 人员规划

人员规划是对企业人员总量、结构构成、人员配置等方面的整体规划，包括人力资源现状盘点、分析评价，以及定岗、定编、定员、人员需求、供给预测和人员配置等方面的内容。

5. 成本规划

成本规划是对企业在一个生产经营周期内，人力资源全部管理活动预期的费用支出计划，包含人工成本、人力资源管理费用的整体规划等，是计划期内人力资源及其各种相关管理活动得以正常运行的资金保证。

1.2.2 人力资源规划分类

按照规划时间长短，可将人力资源规划分为短期计划、中期规划和长期规划3

种类型。

1. 短期计划

短期计划指规划周期为1年及以内，有关具体作业的计划。短期计划一般按照年度进行编制。

2. 中期规划

中期规划指规划周期为1～5年，有关策略的规划。

3. 长期规划

长期规划指规划周期为5年及以上，有关战略的规划。

1.3 人力资源规划的关键评价

人力资源规划以战略绩效目标为导向，以满足业务资源最佳匹配、最佳投入产出为目标，以人才发展助推企业发展为核心，最终实现人力资源的最佳匹配。对人力资源规划的关键评价主要包含4个方面的内容，即价值创造力、投入产出力、人才发展力和竞争力，具体如图1-1所示。

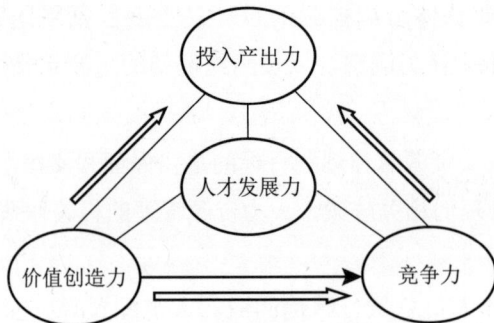

图1-1　人力资源规划评价内容

1. 价值创造力

价值创造力反映了企业创造价值、发挥效能的能力。衡量价值创造力的主要指标是劳动效率。劳动效率指企业全部从业人员在一定时期内创造的价值，体现了企业员工创造价值的能力。

2. 投入产出力

投入产出力反映了企业劳动价值投入产出效益回报的成果。衡量投入产出力的主要指标是人事费用率。人事费用率指人工成本占销售收入(营业收入)的比重，反映了企业人力资源成本的投入产出比。

3. 人才发展力

人才发展力反映了企业人力资源可持续发展的能力，即短期评价当前人力资源结构与业务匹配的合理性、长期评估现有人力资源与企业未来可持续发展的匹配程度。人才发展力主要包含内部人才培养和调配计划、外部人才招聘计划和校园人才招聘计划等。

4. 竞争力

竞争力一方面反映了员工在行业和当地的薪酬竞争性，另一方面体现了企业的财务承受能力。衡量竞争力的主要指标是人均人工成本。人均人工成本指企业雇佣一名职工所要支出的平均人工成本费用水平，人均人工成本指标的相对高低代表了企业在人才竞争方面投入能力的强弱。

| 1.4 案例：人力资源战略规划 |

1.4.1 背景

为实现××公司"未来5年实现××"的目标，更好地实施"人才兴企"战略，打造一支高素质的人才队伍，努力为××公司健康、持续、和谐发展提供强有力的人力资源支持和人才队伍保障，特制定《××公司5年人才发展规划方案》。

1.4.2 指导思想及原则

1. 指导思想

未来5年，紧密围绕公司5年发展战略目标，以人才驱动业务发展。人才管理从粗放式管理到精准化管理，人力资源职能从管理驱动向服务客户驱动，构建全员人才管理体系，不断提高人才能力，牢固树立科学的选、育、用、留的人才理念，充分发挥人力资本的价值。公司确立人才发展优先的战略布局，进一步解放思想、解放人才，以人力资源开发、调整人才结构为主线，以"5项人才工程"建设为重点，分类统筹推进5支人才队伍建设，全力推进人才工程建设。

2. 基本原则

(1) 遵循人才优先原则，将人力资本作为企业核心资产来经营，确立人才优先发展的战略地位，充分发挥人力资本的价值。

(2) 遵循优化结构原则，主动适应市场竞争需求，重点优化人力资源结构分布和人才素质，大力引进能够解决业务瓶颈、具备先进管理经验及高技能的优秀人才。

1.4.3 人才的分类及定义

根据人才的不同作用，可将其分为以下几种类型。

1. 经营管理人才

经营管理人才指从事经营管理活动的人员，包括具体从事规划设计、人力资源管理、市场营销、资本运作、财务审计、生产管理、法律事务、质量安全环保、行政管理等业务工作的管理人员，以及副经理及以上的管理人员。经营管理人才可以具体细分为战略企业家、高级经营管理人才和一般经营管理人才。

2. 市场开疆拓土人才

市场开疆拓土人才指通晓国际经济运行规则，熟悉"一带一路"沿线国家政策法律制度，熟悉并擅于争取国内市场，能够在国际国内进行业务拓展、基地建设、生产经营和市场销售的复合型人才。

3. 技术创新人才

技术创新人才指具有专业技术职称和没有专业技术职称但在专业技术岗位上工作的人员，主要包括从事工程技术、产品研发、工艺控制、生产管理、质量管理、设备管理、财务管理、人力资源管理、行政管理等业务工作的专业技术人才，常见的有以下几种。

1) 高层次专业技术带头人

高层次专业技术带头人指公司专业技术带头人，具有副高级及以上专业技术职称，发表过一定数量、较高水平的专业著述，其学术、技术水平在国内同行业中有一定的知名度，处于或接近国内先进水平。

2) 高层次技术创新人才

高层次技术创新人才指从事产品研发、工艺、质量、工程等专业技术工作，具有高级技术职称，担任技术和职能经理、技术项目带头人及高级工程师等职务的高级专业技术人才和技术项目负责人。

3) 国际创新人才

国际创新人才指职业素养好、开拓能力强，具有国际化战略思维和全球视野，能够引领企业发展，参与海外竞争和扩张，专业能力突出且综合素质优秀的中高级国际创新人才。

4. 技能工匠人才

技能工匠人才指在生产和服务等领域岗位一线，掌握专门知识和技术，具备一定的操作技能，并且在工作实践中能够运用自己的技术和能力进行实际操作的技术人才，常见的有以下两种。

1) 首席技师

首席技师指通过公司首席技师评审，具有高超的技能水平、丰富的实践经验，在本行业中技术水平拔尖，得到业内认可的高技能人才。

2) 高技能人才

高技能人才指取得高级技师、技师和高级技工职业资格的技能人才。

1.4.4　5年人才规划目标

1. 5年人才队伍建设目标

5年人才队伍建设目标如表1-1所示。

表1-1　5年人才队伍建设目标

年度	从业人数	经营管理人才		市场开疆拓土人才		技术创新人才		技能工匠人才	
		人数	占比	人数	占比	人数	占比	人数	占比
20×5年									
20×6年									
20×7年									
20×8年									
20×9年									
5年规划目标任务									

2. 5项人才工程建设目标

为保证5支队伍建设平衡发展、系统推进，针对人才队伍现状及未来人才发展规划，提出开展5项人才工程建设规则，具体如下所述。

到20×9年末，培养国际创业企业家××人，海外业务开疆拓土人才××人；高层次专业技术带头人××人，高层次技术创新人才××人，国际创新人才×××人；首席技师××人，高技能人才××人。针对优秀人才储备工程，培养××名中层领导人员后备干部、××名优秀科技创新后备人才、××名优秀青年经营管理后备人才、××名优秀高技能后备人才。5年人才工程建设目标如表1-2所示。

表1-2　5项人才工程建设目标

年度	经营管理人才培养工程				技术创新人才培养工程				技能工匠人才培养工程				优秀人才储备工程			
	合计	人数	占比	其中	人数	占比	其中		人数	占比	其中		中层领导人员后备干部	优秀科技创新后备人才	优秀青年经营管理后备人才	优秀高技能后备人才
				国际创业企业家	海外业务开疆拓土人才			高层次专业技术带头人	高层次技术创新人才			首席技师	高技能人才				
20×5年																
20×6年																
20×7年																
20×8年																
20×9年																
5年规划目标任务																

3. 5年人才队伍规划关键指标

到20×9年末，企业拥有研究生学历员工占比要超过××%，本科学历占比要超过××%；拥有中高级社会职称员工占比要超过××%；拥有高技能人才占技能人才比例超过××%，形成"金字塔形"的人才结构。具体关键指标如表1-3所示。

表1-3　5年人才队伍规划关键指标

单位	合并口径从业人员限额	关键指标															
		学历					年龄				专业技术职务			职业技能等级			
		人数	大专及以下	本科(最低占比)	硕士(最低占比)	博士(最低占比)	人数	35岁及以下	36岁至45岁	46岁及以上	人数	初级及以下	中级(最低占比)	高级(最低占比)	人数	中级工及以下	高级工(最低占比)	技师(最低占比)	高级技师(最低占比)
20×5年																	
20×6年																	
20×7年																	
20×8年																	
20×9年																	
5年规划目标任务																	

1.4.5 经营管理人才规划

1. 目标规划

到20×9年末，在经营管理人才队伍中，人才数量不超过××人，占人员总量的××%。培养××名职业素养好、开拓能力强、具有国际化战略思维和全球视野的优秀国际创业企业家，××名通晓国际经济运行规则的海外业务开拓人才经营管理人才规划如表1-4所示。

表1-4 经营管理人才规划

年度	合并口径从业人员限额	经营管理人才												
		重点工程		关键指标										
				学历				年龄				专业技术职务		
		国际创业企业家目标	海外业务开疆拓土人才目标	人数	大专及以下(占比)	本科(最低占比)	硕士(最低占比)	博士(最低占比)	人数	35岁以下(占比)	36岁至45岁(占比)	46岁以上(占比)	人数	初级及以下(占比)	中级(最低占比)	高级(最低占比)
20×5年														
20×6年														
20×7年														
20×8年														
20×9年														
5年规划目标任务														

2. 重点工程建设措施

经营管理人才规划重点工程建设措施如表1-5所示。

表1-5 经营管理人才规划重点工程建设措施

重点工程	项目类型	项目内容及要求
国际创业企业家队伍建设	选拔	……
	培养	……
	激励	……
海外业务开疆拓土人才队伍建设	选拔	……
	培养	……
	激励	……

1.4.6 技术创新人才规划

1. 目标规划

到20×9年末，在技术创新人才队伍中，人才数量不超过××人，占人员总量的××%。引进或评聘××名高层次专业技术带头人，培养或引进××名高层次创新人才，培养或引进××名国际创新人才。技术创新人才规划如表1-6所示。

表1-6　技术创新人才规划

年度	合并口径从业人员限额	重点工程			关键指标												
					学历					年龄				专业技术职务			
		高层次专业技术带头人	高层次创新人才	国际创新人才	人数	大专及以下(占比)	本科(最低占比)	硕士(最低占比)	博士(最低占比)	人数	35岁以下(占比)	36岁至45岁(占比)	46岁以上(占比)	人数	初级及以下(占比)	中级(最低占比)	高级(最低占比)
20×5年																	
20×6年																	
20×7年																	
20×8年																	
20×9年																	
5年规划目标任务																	

2. 重点工程建设措施

技术创新人才规划重点工程建设措施如表1-7所示。

表1-7　技术创新人才规划重点工程建设措施

重点工程	项目类型	项目内容及要求
高层次专业技术带头人	引进	……
	培养	……
	激励	……
高层次创新人才	引进	……
	培养	……
	激励	……
国际创新人才	引进	……
	培养	……
	激励	……

1.4.7　技能工匠人才规划

1. 目标规划

到20×9年末，在技能工匠人才队伍中，人才数量不超过××人，占人员总量的××%。评聘××名行业公认、能够解决关键技术和工艺操作性难题的首席技师，培养××名高技能人才，高技能人才占技能人才比例达到××%。技能工匠人才规划如表1-8所示。

表1-8　技能工匠人才规划

年度	合并口径从业人员限额	重点工程		技能工匠人才										
				关键指标										
				学历				年龄			专业技术职务			
		首席技师	高技能人才	人数	大专及以下(占比)	本科(最低占比)	硕士(最低占比)	博士(最低占比)	人数	35岁以下(占比)	36岁至45岁(占比)	46岁以上(占比)	人数	初级及以下(占比)	中级(最低占比)	高级(最低占比)
20×5年														
20×6年														
20×7年														
20×8年														
20×9年														
5年规划目标业务														

2. 重点工程建设措施

技能工匠人才规划重点工程建设措施如表1-9所示。

表1-9　技能工匠人才规划重点工程建设措施

重点工程	项目类型	项目内容及要求
首席技师队伍建设	培养	……
	配置	……
	激励	……
高技能人才队伍建设	培养	……
	配置	……
	激励	……

1.4.8　优秀人才储备规划

1. 目标规划

到20×9年末，培养××名中层领导人员后备干部，培养××名优秀科技创新后备人才，培养××名优秀青年经营管理后备人才，培养××名优秀高技能后备人才。优秀人才储备工程规划如表1-10所示。

表1-10　优秀人才储备工程规划

年度	优秀人才储备工程(滚动实施)			
	中层领导人员 后备干部	优秀科技创新 后备人才	优秀青年经营管理 后备人才	优秀高技能 后备人才
20×5年				
20×6年				
20×7年				
20×8年				
20×9年				
5年规划目标 任务				

2. 优秀人才储备规划重点工程建设措施

优秀人才储备规划重点工程建设措施如表1-11所示。

表1-11　优秀人才储备规划重点工程建设措施

重点工程	项目类型	项目内容及要求
中层领导人员后备干部	引进	……
	培养	……
	激励	……
优秀科技创新后备人才	引进	……
	培养	……
	激励	……
优秀青年经营管理后备人才	引进	……
	培养	……
	激励	……
优秀高技能后备人才	引进	……
	培养	……
	激励	……

第 2 章

人力资源规划要素设计——从业务规划到人力资源规划

2.1 基于企业战略制定HR战略

　　人力资源规划的编制要紧贴业务发展方向和目标，厘清业务对人力资源在"组织、人才和文化"方面的具体需求，从人力资源的各项职能出发制订具体的实施计划予以承接落地，并在此过程中注重自身的能力建设，形成基于人才现状评估的人才发展计划及人才发展创新机制和承接企业战略、人力资源战略及人才规划的人才招聘计划和培训计划等。人力资源规划编制流程如图2-1所示。

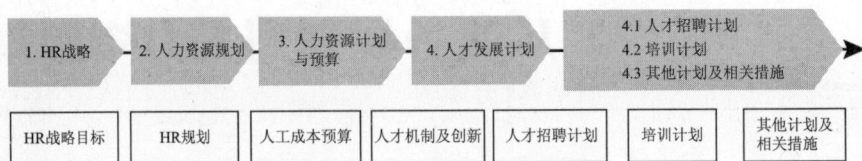

图2-1　人力资源规划编制流程

　　企业战略一般由业务战略和职能战略组成，不同的业务、不同的职能又对应不同的战略，如职能战略中的HR职能战略。企业战略是对企业的谋略，是对企业整体性、长期性、基本性问题的谋划。通过对企业战略目标及战略转型变革的解读，分析并形成人力资源的挑战及发展方向，进一步形成人力资源服务支持策略。某公司人力资源战略如图2-2所示。

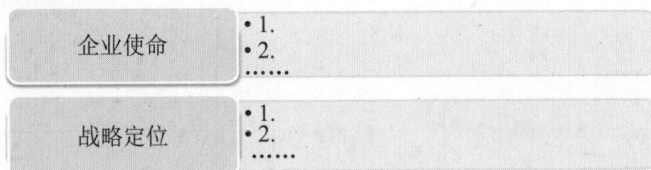

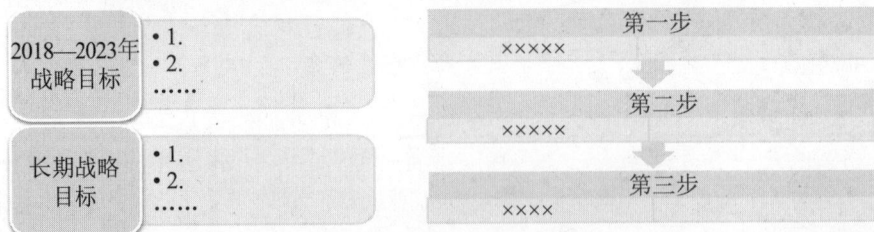

图2-2　某公司人力资源战略

人力资源战略是企业战略中的一项重要职能战略，在企业战略制定和实施过程中，人力资源管理是一种核心管理活动。企业战略是制定人力资源战略的前提和基础，人力资源战略为企业战略的制定提供支撑，人力资源战略是实现企业战略目标的有力保障。因此，研究人力资源战略与企业战略的关系，使两者有效承接，使资源有效匹配，可以提升企业实力，持续增强竞争优势，从而加速企业发展。

| 2.2　评估人才资源与业务匹配 |

按企业发展战略，从业务能力视角和人力资源视角，对人力资源现状进行全方位的盘点，组合式、多维度进行定性和定量评估，以掌握当前人力资源与业务的匹配情况。人力资源与业务匹配性评估如表2-1所示。

表2-1　人力资源与业务匹配性评估

业务／人才（综合评价）	影响战略实现的要素																								
	营销					研发					生产制造					质量					……				
	现有人数	人才匹配度		影响排序		现有人数	人才匹配度		影响排序		现有人数	人才匹配度		影响排序		现有人数	人才匹配度		影响排序		现有人数	人才匹配度		影响排序	
		业务自评	人力评价	当前	未来		业务自评	人力评价	当前	未来		业务自评	人力评价	当前	未来		业务自评	人力评价	当前	未来		业务自评	人力评价	当前	未来

| 2.3　如何制定人力资源管理目标 |

通过承接集团战略举措对人力资源提出的挑战和人才与业务匹配性评估，制定与业务战略匹配的人力资源战略，以及相应的人力资源业务目标。人力资源策略目标分析如表2-2所示。

表2-2　人力资源策略目标分析

HR职能	现状	目标	举措
招聘管理	• 目前对于离职风险高的重要岗位，缺少充足的候选人才 • ×××	• 增加对核心岗位的战略性储备，如××岗、××岗	• 需要补充××数量的××岗 • ……
绩效管理			
薪酬福利			
培训发展			
……			

| 2.4 人力资源规划如何去应用 |

1. 应用于人才发展计划

人才发展应以人力资源规划为依据，着眼于企业未来发展战略，以业务发展需求为导向，根据自身业务特点，从绩效结果、胜任能力、发展潜力等多方面分析、评估、盘点现有人才资源的匹配情况，制订人才总量及结构发展计划，具体包含人才的分类结构、层次结构、素质结构、能力结构等，同时评估并调整各类别人才的发展通道和来源，制定人才发展策略。

2. 作为有效调配内部人才资源的依据

根据人力资源定岗定编计划，厘清岗位人员空缺情况，从内部人才资源、人才发展情况、业务对人才需求的紧迫度以及招聘成本来确定是否需要从企业内部选配人员来补充空缺岗位。

3. 作为指导外部人才招聘的依据

外部人才招聘是指根据招聘计划及流程，从企业外部招募符合空缺岗位要求的人才。外部人才招聘可以为企业增加新鲜血液，带来外部信息，能给企业带来先进的技术管理理念、方法和工作经验，缩短人才培养周期，快速推进业务发展，同时激发内部人才的潜能。外部人才招聘主要包括校园人才招聘和社会人才招聘。具体招聘什么样的人、招聘数量为多少应根据人才规划和内部人才盘点调整的结果来确定。

4. 作为有效控制人工成本的依据

人工成本主要是指围绕"人"发生的一系列费用，主要包括工资、福利、社会保险、培训费用、招聘费用等，还包括对未来可靠的、以人员配置和人力资源长短期规划为载体进行的可行性评估预测项目的核算成本。合理的人工成本结构和目标不仅能保障公司有充分的人才资源，还能使这一资源充分发挥作用，持续提高人工效能和企业劳动生产率，以及确保人工成本、人才价值有效控制的良性循环，以实现企业总体人力资源数量结构合理、人工成本降低、人工效率与效益最高的目标，从而增加公司的总体收益，实现公司的可持续发展。

5. 促进业务战略和组织发展的人才保障

人力资源规划作为连接企业战略和业务业绩的核心载体，首先，需要满足企业组织在生存发展过程中对人力资源的需求，提高组织的竞争力；其次，人力资源规划应以企业发展战略为指导，以全面盘点现有人力资源、分析企业内外部条件为基础，以预测组织对人员的未来供需为切入点，对组织与员工绩效做出准确评价，确保组织目标与员工目标的一致性，更好地实现组织绩效，达成组织的愿景和目标，增强激励效果，促进组织和员工绩效不断提升。

| 2.5 案例：编制人力资源规划 |

某集团HR战略的制定将紧贴业务发展的方向和目标，通过厘清各项业务对HR在组织、人才和文化方面的具体需求，从HR的各项职能出发制订具体的落实计划予以承接落地，并在此过程中注重自身的能力建设。

1. 集团战略解读

以业务战略举措为指引，提出HR面临的挑战，即对公司战略的解读，按照定位、目标、选择、举措的步骤，从公司的业务发展战略出发，分析HR面临的挑战(组织、人才规划、企业文化方面)。

1) 集团的战略定位

本集团的战略定位包括企业合作定位和战略定位，应根据集团实际情况制定。

2) 集团的战略目标

本集团的战略目标包括未来5年的战略目标和长期战略目标，根据集团实际情况写出具体实现步骤。

3) 集团的战略选择

某集团的战略选择分析如表2-3所示。

表2-3 某集团战略选择分析

定义与特征	成熟业务： 收入与利润的主要来源	增长业务： 市场增长和扩张机会的来源	创新业务： 未来长期增长的机会点
管理重点与指标(战略举措)	近期的利润表现与现金流； 实现×××亿元的收入来源； 标准产品增加×××功能， 已突破×××； 重点拓展×××等行业产品	收入的增长和投资回报； 通过×××(并购/联盟/投资)进入×××行业，发布×××产品	回报的多少和成功的可能性； 产品按时保质发布； 市场宣传与产品推广； 第一批×××客户的体验效果

4) 集团的战略举措

(1) 关键举措，即写出关键举措，并标明责任人。

(2) 衡量指标，即每年预期达成的目标(财务指标)，可用图表表示，例如产品研发预期成果曲线。

(3) 确定里程碑，即明确目标达成的重要里程碑。

(4) 对资源的需求，即明确对资源的持续投入需求。

(5) 行动，即完成关键举措需要采取的几项主要行动。

5) HR面临的挑战

基于某集团战略，HR面临的挑战分析如表2-4所示。

表2-4　HR面临的挑战分析

业务发展方式	业务策略与措施	HR面临的挑战		企业文化
		组织和人才		
内生式增长	产品力：…… 营销力：…… 保障力：……	组织	……	……
		人才	……	
外延式扩张	投资规模：…… 投资产品：…… 细分领域：……	组织	……	
		人才	……	
整合式发展	打造整合平台：…… 促进资源整合：……	组织	……	
		人才	……	

2. 集团的人力资源战略

以组织、人才、文化为抓手，明确各项业务对HR的需求，即基于HR面临的挑战，聚焦"组织设计""人才规划"和"企业文化"3个方面，分别深入分析并提出相应的优化方案。

1) HR战略目标分析

基于集团战略给HR带来的挑战制定组织设计、人才规划、企业文化3个方面的HR战略目标。

(1) 组织设计(管控模式和组织架构)的战略目标。实施战略管控的高效集团能力，支撑新业务发展的灵活结构。

(2) 人才规划(人才队伍的数量和结构)的战略目标。在管理人员方面，提前布局、培育备用领导力，建立可持续发展的领导力梯队；在专业人员方面，配置、发展核心专业队伍，在数量和能力方面达到业务要求。

(3) 企业文化(打造融合的多元文化)的战略目标。传承企业价值观，打造具有企业家精神的企业家团队，重视并落实新企业、新员工的融合，建立以××文化为内核的多元企业文化架构。

2) HR战略目标实施方案

(1) 组织设计战略目标的实施。①基于对战略目标与当前现状的比较,分析"组织设计"存在的差距,并提出未来的优化建议;②确定上级机构(如××板块/事业部)对下属控股、参股公司的管控模式;③结合对上和对下的管控模式,重新审视并优化各项职能(新增、调整、撤销等);④基于职能优化方案,设计新的组织架构(新增、调整、撤销部门或职责)。

(2) 人才规划战略目标的实施。①基于对战略目标与当前现状的比较,分析人才规划与目标的差距,并提出未来的优化建议;②综合分析战略选择、战略举措、管控模式及职能调整情况,梳理出关键岗位;③结合需求预测和人才盘点结果,识别关键岗位的缺口(数量和结构);④根据公司业务发展的需要,推算出未来5年各部门需增加的人数,及5年的平均增长率。

(3) 企业文化战略目标的实施。基于对业务战略的理解,从定义、阐述、宣传和管理工具等角度,分析现状并提出调整建议。

3. 人力资源各职能战略

以招聘、绩效、培训发展、薪酬福利等为落实手段,承接业务挑战,推动组织、人才和文化等方面的优化和更新。HR团队也要对自身的组织架构和职能分工进行调整,各HR职能要有针对性地部署各自的中长期工作,形成中长期规划,并明确年度重点工作,具体包括以下几个步骤。

(1) 为更好地承接业务需求,人力资源各项职能要基于现状,积极制定相应的战略目标和举措。

(2) 基于HR各项职能的目标和举措,明确未来架构以及各职能的角色分工。

(3) 基于HR各项职能的目标和举措,明确未来架构中的人员数量,同时识别各职能存在的缺口。

(4) 在明确HR各职能的目标、分工、架构和人员缺口后,设定未来5年的工作部署。

(5) 明确年度重点工作,做好下一年的重点工作安排。

4. HR团队的能力建设

以HR团队能力建设为支撑,实现HR各职能目标,从而持续改善人力资源系统能力。HR团队需要不断加强自身的能力建设,以更好地支撑公司总体以及部门战略目标的实现。

第 **3** 章

市场需求预测有效方法——
市场需求确定业务发展目标

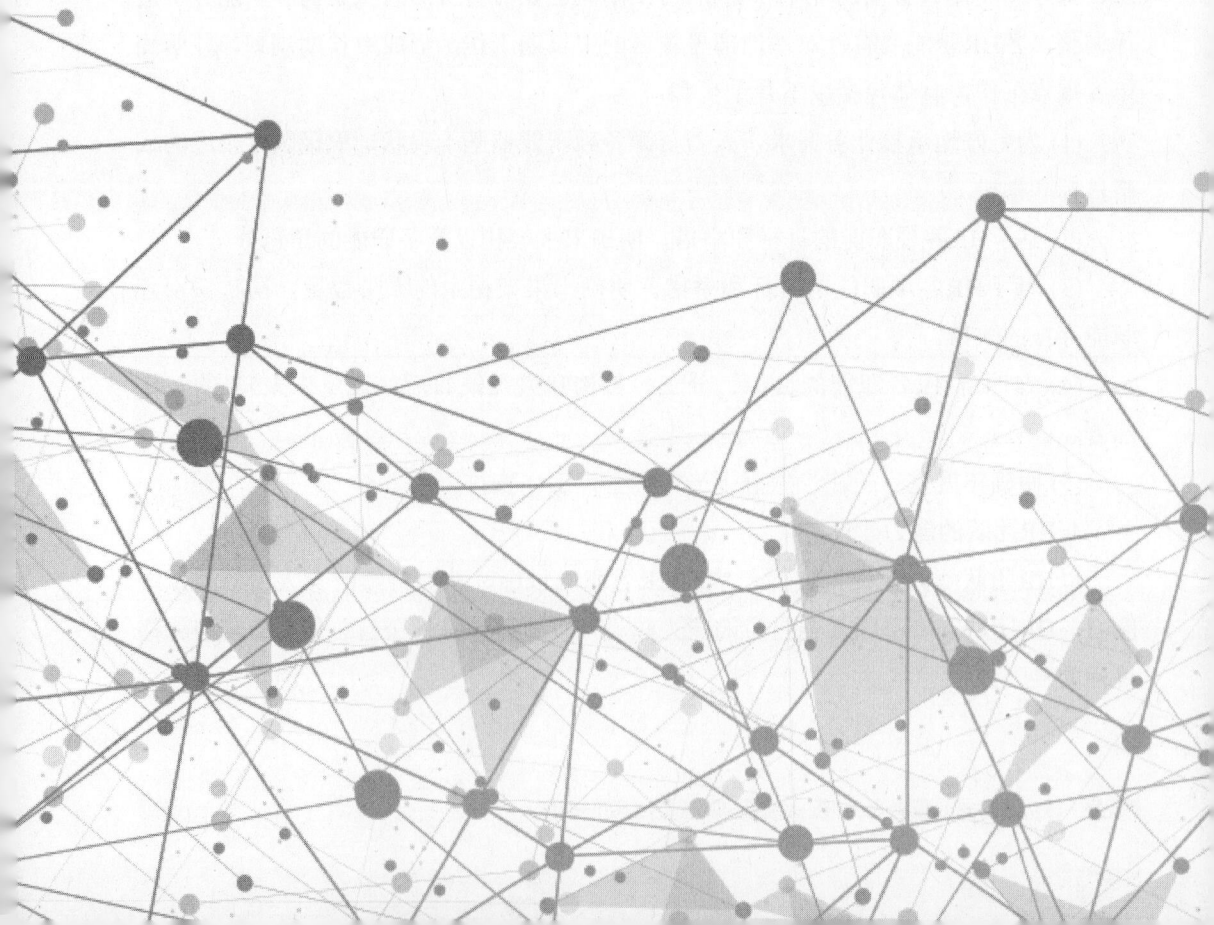

3.1 市场需求计划管理内涵

企业要发展，必须有人力资源做保证，而人力资源需求则取决于企业的经营性质、商业模式、业务规模。要明确业务规模，关键在于企业对市场需求的科学预测。业务市场需求预测准，则人力资源规划准；反之，则会导致人力资源不足或人力资源浪费。

如何做好市场需求预测是一门具体的学问，需求预测的输入与人力资源规划相似。它因要素的变化而发生业务计划的变化、业务量的变化，直接影响人力资源的变化。因此，做好人力资源规划必须要了解业务市场需求的变化。

企业的市场计划就像一张作战地图，它告诉企业下一步该往哪儿走和如何便捷地到达目的地，并让企业结合确定的目标与所处的内外部环境，围绕该目标采取一系列策略及行动计划。在管理实践中，计划是其他管理职能的前提和基础，且渗透到其他管理职能之中，是管理过程中的首要环节和贯穿管理的主线。

对于企业而言，市场计划是企业持续发展的路线图，这份路线图将促使营销部门明确成长方向与目标，是上下沟通的工具书，能够促进管理体系的构建和机制优化，有利于职责明晰与资源协同整合。

计划按时期长短可分为长期计划(3年以上)、中期计划(1~3年)、短期计划(年度和月度)，按涉及范围可分为总体市场计划和专项市场计划。其中，市场计划一般主要指总体市场计划和短期计划。

制订市场计划的一般逻辑是"目标导向"的现实逻辑和"环境导向"的市场逻辑，总体的实施过程是通过大环境分析，编制年度计划，明确目标并下达执行，同时进行滚动管理。

市场计划的有限价值总结起来有三方面：一是持续成长的路线图——指引方向，实现目标；二是上下交流的工具书——明确职责，全力协同；三是夯实管理的必修课——计划先行，提高效率。

市场计划分析的主要内容包括竞争者分析、生产商分析、进入者分析、替代者分析和客户分析等。总体市场计划分析的主要内容如表3-1所示。

表3-1 总体市场计划分析

内容	具体表现
竞争者分析	××市场的年销售量增长趋势；××市场的需求增长情况和季节特点
生产商分析	对厂商各项政策的研究；对区域各项政策的研究
进入者分析	是否有同品或竞品新开张；是否有同品或竞品退出
替代者分析	与产品存在竞争关系的其他品牌投放新产品可能带来的影响
客户分析	目前业务市场处于导入、成长还是成熟阶段，或者什么产品占绝对主流等

| 3.2 市场需求预测管理模型 |

对市场需求的有效预测是任何企业都非常重视的工作，需求预测的准确与否直接关系企业能否生存并发展。市场需求预测过大时，企业必然要匹配相应的资源，扩大产能，当实际市场需求远达不到产能时，必然造成产能过剩、资源浪费、成本费用大增，企业甚至可能破产；反之，企业则会丢失市场，发展缓慢。因此，企业用什么方法来做市场预测非常重要。以下是市场需求预测的管理模型(见图3-1)，具体按以下几个步骤来做：首先，完成内外部环境资源的分析评估；其次，分析预测市场现在和潜在的需求；再次，细分业务产品线并进行预测；然后，对照企业战略目标编制计划；最后，评审并下达市场计划。

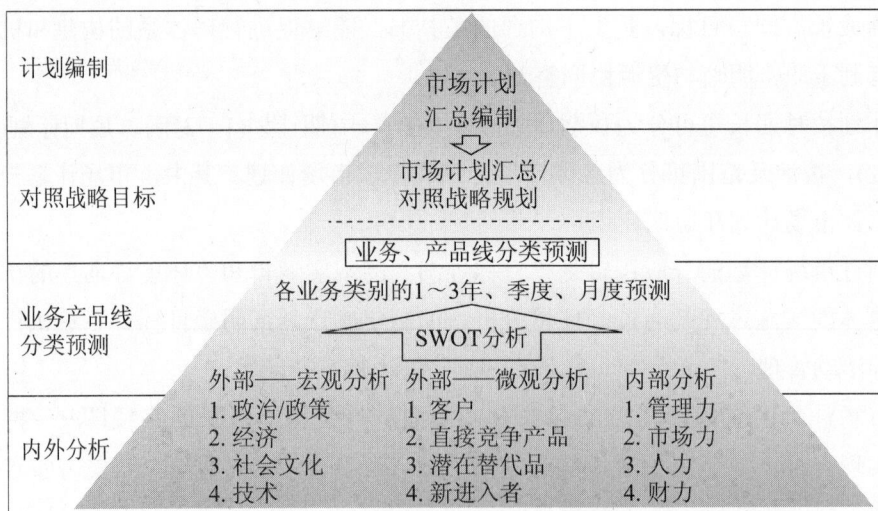

图3-1 市场需求预测管理模型

市场分析与预测共分为三个部分：一是完成内外部环境的分析与评估；二是基于SWOT分析做出判断并确定策略；三是上报评审并下达。

3.3 市场需求预测管理流程

1. 需求管理流程

需求管理包括需求预测、预测评估、需求整合、预测报告4个阶段，具体的流程如图3-2所示。

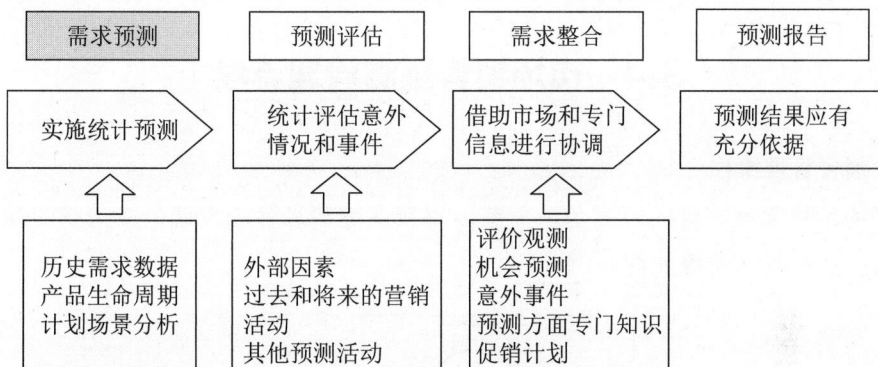

需求预测	预测评估	需求整合	预测报告
实施统计预测	统计评估意外情况和事件	借助市场和专门信息进行协调	预测结果应有充分依据
历史需求数据 产品生命周期 计划场景分析	外部因素 过去和将来的营销活动 其他预测活动	评价观测 机会预测 意外事件 预测方面专门知识 促销计划	

图3-2　需求管理流程

2. 需求预测管理流程

需求预测可以分为准备阶段、实施阶段、验证阶段和交付决策阶段，具体流程如图3-3所示。

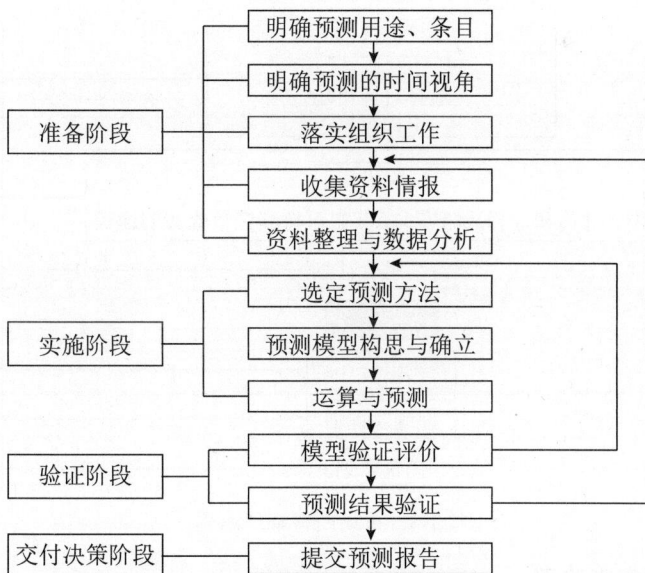

准备阶段	明确预测用途、条目
	明确预测的时间视角
	落实组织工作
	收集资料情报
	资料整理与数据分析
实施阶段	选定预测方法
	预测模型构思与确立
	运算与预测
验证阶段	模型验证评价
	预测结果验证
交付决策阶段	提交预测报告

图3-3　需求预测管理流程

另外，企业还需做好需求预测的时间管理工作，具体管理内容如表3-2所示。

表3-2　市场需求预测的时间管理

项目	预测视角		
	短期	中期	长期
期限	通常少于3个月，最多1年	1年至3年	多于3年
适用范围	工作安排和职责分工	销售和生产计划，预算	新产品开发、设施计划

3.4　市场销售预测管理流程

1. 销售管理流程

市场销售管理相对比较复杂，需要运用较多的信息管理方法，由关联的职能部门共同完成，具体流程如图3-4所示。

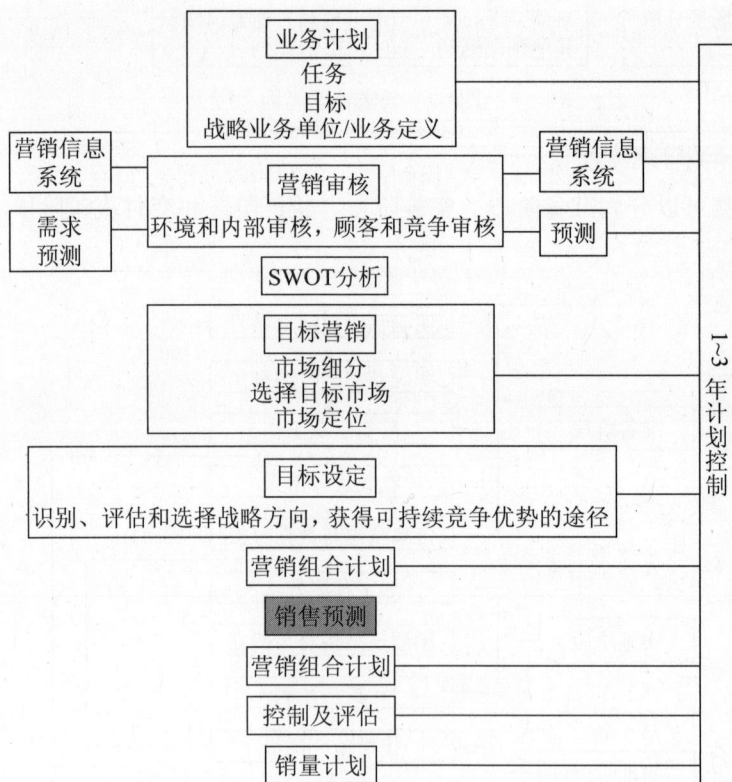

图3-4　市场销售管理流程

2. 销售预测管理流程

销售预测管理主要是指各职能部门对市场销售预测的需求管理，具体内容如

表3-3所示。

表3-3 销售预测管理

分类	市场规划	销售	财务/会计	生产	生产/采购	物流	物流	人力
需求	新产品或者已有产品的年度计划,产品变化,促销、渠道变化,价格	为销售人员制定销售定额,并督促他们实现销售目标	预测成本、利润以及资金需求	新建厂房和购置设备计划(长期需求)	计划特定生产进度(短期需求)	配备存储设施,制订购买运输设备的计划(长期需求)	明确运输产品种类和地点以及运送时间等(短期需求)	总量和结构需求,人力资源配置,人力资源配置时间
内容	产品或者产品系列	产品种类	公司整体层次,部门或者产品线层次	产品库存单位(SKU)	产品库存单位(SKU)	产品本地库存单位(SKUL)	产品本地库存单位(SKUL)	总量结构进度
时间范围	年度	1~2年	1~5年	1~3年	1~6个月	数月到数年不等	日、周或者月	月、季、年
时间间隔	月度或季度	月度或季度	月度或季度	季度	数周或数月		日、周或者月	月度、年度

3.5 市场需求预测和销售预测的方法

3.5.1 市场需求预测的方法

1. 定性需求预测方法

定性需求预测方法如表3-4所示。

表3-4 定性需求预测方法

定性方法	说明
由评审委员会预测	集中高管小组的意见以及他们估计的需求,利用高管小组的管理经验,结合统计模型得出结论
由销售人员预测	首先向各地区的销售人员询问他们的市场预测情况。因为销售人员是离市场最近的人,他们知道顾客需要什么。然后把这些预测结果按照区、省、地区级别汇总
依据用户需求预测	要求有条件的大客户提供市场计划和需求预测,以此作为需求预测的参考依据
Delphi 法	建立专家小组,成员可以是决策者、普通员工或是业界专家。单独向组内人员询问他们对市场需求的估计,重复这个过程,直到专家们意见达成一致
依据消费者市场调查结果预测	向消费者询问他们的购买计划以及他们预期的购买行为。这里需要调查大量消费者才能得到一般确定的结果

2. 定量需求预测方法

定量需求预测方法分为趋势外推分析法和因果预测分析法，具体分类如图3-5所示。

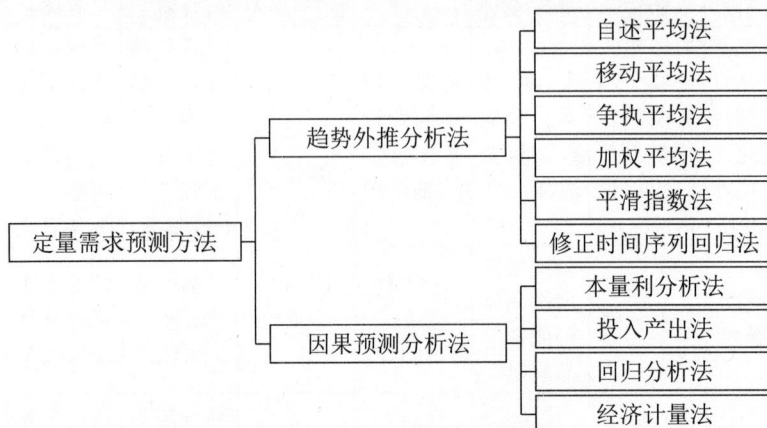

```
                              ┌─────────────────┐
                              │    自述平均法    │
                              ├─────────────────┤
                              │    移动平均法    │
                              ├─────────────────┤
              ┌─────────────┐ │    争执平均法    │
              │ 趋势外推分析法│─┤                 │
              │             │ │    加权平均法    │
              └─────────────┘ ├─────────────────┤
┌─────────────┐               │    平滑指数法    │
│定量需求预测方法│             ├─────────────────┤
│             │               │ 修正时间序列回归法│
└─────────────┘               ├─────────────────┤
              ┌─────────────┐ │    本量利分析法  │
              │ 因果预测分析法│─┤                 │
              │             │ │    投入产出法    │
              └─────────────┘ ├─────────────────┤
                              │    回归分析法    │
                              ├─────────────────┤
                              │    经济计量法    │
                              └─────────────────┘
```

图3-5 定量需求预测方法分类

3. 个性化需求预测方法

个性化需求预测方法分为基于经典统计的各种时间序列分析法、各种贝叶斯分析法、合作计划预测和补货及合作预测法、订单超计划法，具体内容如表3-5所示。

表3-5 个性化需求预测方法

方法	分析单位	分析信息	主要适用条件
基于经典统计的各种时间序列分析法	企业产品的需求数量	历史市场数据	与过去的需求模式相同
各种贝叶斯分析法	企业产品的需求数量	同一顾客群中较早订货的顾客订单	需求具有一定的相关性，掌握早期订单的数据
合作计划预测和补货及合作预测法	单个顾客、零售商的需求	影响需求的主要信息	制造商与零售商之间有联系，涉及产品品种多，需求相对稳定
订单超计划法	单个顾客的订单	顾客在购买过程中传递的早期信息	早期信息达到一定数量

3.5.2 市场销售预测的方法

市场销售预测的主要依据包括：销售任务，销售政策，同比、环比历史数据，促销活动，竞品的市场情况，网络(客户)库存，总部产能供应能力，ABC分类法(金额、数量、毛利)的应用，市场需求时间，产品生命周期。市场销售预测方法如表3-6所示。

上承战略 下接数据——人力资源规划从入门到精通

表3-6 市场销售预测方法

序号	方法	依据
1	季度平移法	连续3年历史数据
2	任务分解法	集团总部政策文件
3	同比环比法	历史数据
4	定性分解法	市场动态(3个月)
5	ABC分类法	产品主推结构
6	库存调整分析	RDC(Regional Depot Concept，地区仓库)、CDC(Central Depot Concept，中央仓库)
7	变量分解法	新品、滞销、工程建情况
8	精确的进、销、存的管理	日进、销、存报表

3.6 市场需求预测分析改进

3.6.1 预测对供应链的影响

预测是供应链管理中需求管理的内容，是供应链运作的源头，也是供应链优化的起点。如果销售预测与实际需求差别太大，将会对供应链运作带来巨大的影响(见图3-6)，增加供应链运作成本，同时降低客户满意度。

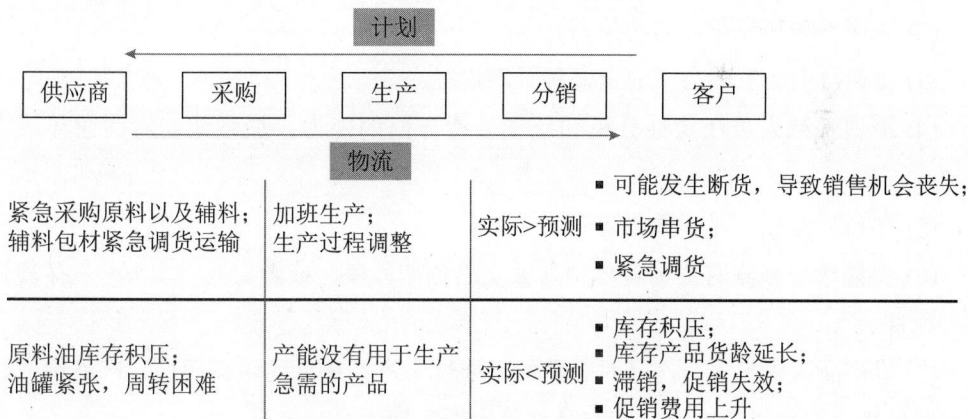

图3-6 预测对供应链的影响

3.6.2 需求预算存在的问题及改进方向

需求预算存在的问题及改进方向如表3-7所示。

表3-7 需求预算存在的问题及改进方向

需求预算类别	易出现的问题	改进方向
3～5年销量预算	预算模型不确定 数据很少，条件不足 结果验证评价不及时	确立模型 建立评价标准，每年评价一次
年度销量预算	用户信息来源少 结果验证评价不及时	增加用户信息来源 每半年评价一次
季度销量滚动计划	各业务部门预测人员能力不一致 用户预测来源不充分 人员责任不清晰	进货协议确定 实行计划员负责制 明确工作人员职责并加强考核 增加评价考核
月度预测	用户预测来源不充分 预测没有时效性 预测准确率不高 预测方法不清晰	预测标准确定 供货协议确定 明确预测责任并加强考核

3.6.3 改进预测的有效途径

改进预测的有效途径包括以下几种。

(1) 高管层对预测和商业计划的实施提供支持。

(2) 协调预测和商业计划的关系。

(3) 协调自上而下和自下而上两种预测途径。

(4) 培训预测人员在定性分析和统计分析方面的能力，加强他们对商业环境的认知。

(5) 在预测流程中理解预测博弈。

(6) 将能单独预测的主要客户纳入独立的预测程序，或者加入"卖方——存货管理"项目。

(7) 以产品需求模式、产品对企业的重要性、产品所处的生命周期、产品价值、客户服务敏感程度以及原材料和产品订单周期等要素区分产品。

3.6.4 预测绩效评价管理

预测绩效评价管理分为4个阶段，每个阶段会存在不同的问题，具体如表3-8所示。

上承战略 下接数据——人力资源规划从入门到精通

表3-8 预测绩效评价管理的不同阶段

阶段	存在问题
第一阶段	• 预测准确性没有得到度量。 • 预测绩效评价没有联系任何预测准确性度量，常常是根据预测与计划的吻合情况来调和预测和计划
第二阶段	• 对预测准确性进行度量，常以平均百分误差(MAPE)为指标，但有时度量不准确。例如，计算中以预测值为分母，而不是以实际值为分母。 • 预测评价仅仅依据准确性，而没有考虑预测准确性带来的实际影响。 • 认识到其他外部因素对需求的影响。例如，经济情况、竞争情况
第三阶段	• 用平均百分误差作为预测准确性的度量标准，但更多注意到评价准确性对供应链的影响。例如，对低价值产品和没有竞争的产品允许有较低的预测准确性。认识到供应能力的约束作用，及其对预测过程和预测的效果的影响。 • 收集各个级别产品的预测准确性报告，并用图形展示。 • 绩效评价依然以预测准确性为基础，但是企业认识到预测准确性对存货水平、客户服务以及市场和财务计划的影响
第四阶段	• 企业认识到外部因素对预测准确性的影响，并了解未能满足的需求量是由预测误差和运作误差导致的。 • 企业认识到存在预测误差就意味着存在需要进一步解决的问题。例如，可能市场需求预测是准确的，但是生产能力限制了企业生产符合预测数量的产品。 • 对预测绩效采取多方面评价，将预测绩效评价和预测准确性对企业整体目标(例如利润、供应链成本和客户服务)的影响相联系

针对以上问题，企业可以从以下几个方面来改进预测绩效评价。

(1) 基于其他预测部门的相关数据评价预测准确性。

(2) 采用便于应用的评价预测准确性标准，但要记住，绝对平均百分误差仍然是经常使用的标准。

(3) 提供统计量的同时，提供图示的标准评价方法。

(4) 提供多维的预测绩效评价标准，比如包括准确性以及预测准确性对利润率、竞争策略、供应成本及客户服务的影响。

第 *4* 章

编制业务销售计划技巧——营销能力确定业务销售目标

4.1 企业年度销售目标计划

企业年度销售目标是经营计划的一部分，由营销管理的计划部门负责组织编制。销售目标包括未来5年内公司产品规划，销售目标应细化到企业年度产品涉及的所有类别。企业年度销售目标计划是编制其他计划(销售、库存、生产)的前提条件和主要依据。

4.2 区域年度销售目标计划

区域年度销售目标计划由销售计划部负责组织编制，应细化到产品大类，大区、省的产品大类销售情况是考核区域年度销售业绩的主要指标。区域年度销售目标计划应于每年12月份前编制完成，执行年6月份将根据市场状况进行调整。区域年度销售目标计划的编制应按流程进行，在执行过程中，要考虑的主要因素有以下几个。

(1) 一般情况下，企业年度销售目标与区域年度销售目标要保持一致。若不一致，则区域目标要略高于企业目标，以确保企业目标的完成。

(2) 根据市场类别的不同，企业区域销售策略要有侧重地做出调整。

(3) 近几年的区域销售状况及趋势(一般统计近3年)。

(4) 主要竞争对手及其近几年的销售状况(主要竞争对手和其区域销售量)。

(5) 近期销售状况及趋势(一般统计近6个月)。

(6) 企业网络发展规划及网络销售能力。

(7) 经销商合同签订状况。

(8) 大客户销售计划。

同时，企业在调整区域销售目标时要注意以下两个方面：一是以原计划为基础进行调整，上下幅度要控制在一定比例之内；二是明确区域销售计划完成状况及经销商销售和库存状况，以减小区域销售实际完成情况与目标计划的差异。

|4.3 编制销售计划管理模型|

销售计划管理模型如图4-1所示。

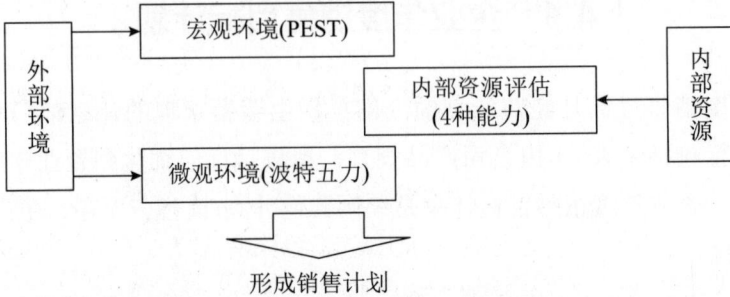

图4-1 销售计划管理模型

4.3.1 宏观环境分析——PEST模型

宏观环境分析可依据PEST模型来进行，具体包括政策环境(Political)、经济环境(Economic)、社会环境(Social)、技术环境(Technological)，具体内容如图4-2所示。

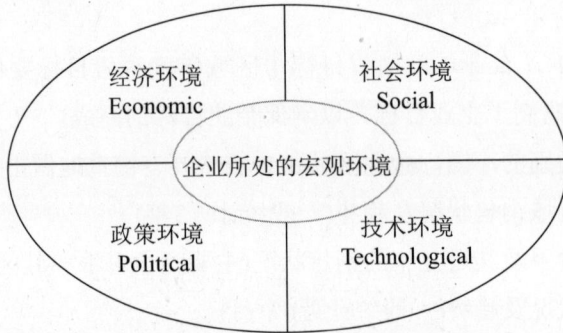

图4-2 宏观环境分析——PEST模型

下面以汽车行业为例来分析宏观环境，具体如表4-1所示。

表4-1 汽车行业宏观环境分析

序号	宏观环境		重要信息
1	政策	国家政策或政局	国家的经济政策、区域开发、重大投资项目、政局稳定状况等
		国家汽车政策	车船税、购置税、节能补贴、以旧换新、排放要求等政策变化
		区域汽车政策	汽车产业的区域保护、上牌政策与限堵措施

序号	宏观环境		重要信息
2	经济	区域GDP情况	GDP总量、增速和人均GDP收入变化
		区域产业发展	支柱产业的发展现状、特点与景气度指数
3	社会	区域人口特征	人口的数量、结构、流动性和变化趋势
		汽车消费文化	车展情况、车系消费偏好或倾向、交通状况
4	技术	技术倾向或 信息化程度	• 汽车技术倾向与燃料偏好(如电动车、天然气车等) • 互联网的普及程度

4.3.2 微观环境分析——波特五力分析模型

波特五力分析模型由迈克尔·波特(Michael Porter)提出,可以有效分析经销商的竞争环境。五力包括供应商的谈判与政策、购买者的特征及讨价还价能力、潜在竞争者进入的能力、替代品的替代能力、业内竞争者的竞争力,如图4-3所示。

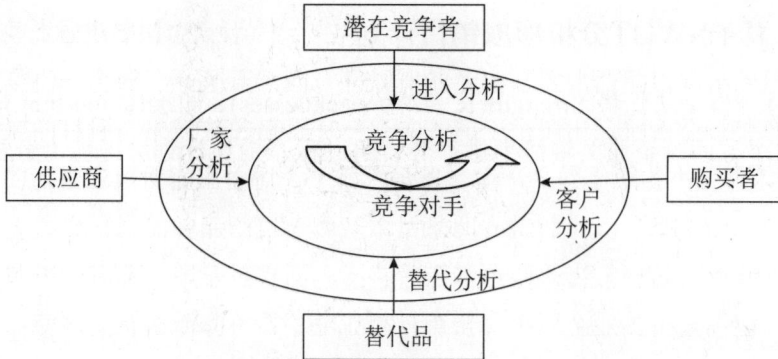

图4-3 微观环境分析——波特五力分析模型

下面以汽车行业为例,来进行微观环境分析,具体如表4-2所示。

表4-2 汽车行业微观环境分析

序号	竞争环境		重要信息
1	供应商	讨价还价能力	质量、规模、品牌效应
2	购买者 (客户)	市场容量与特点	• 保有量,包括总量、结构等 • 产品市场近3年和每月的销量、现状及趋势
		客户消费特征	• 消费的发展阶段(更新/首次) • 客户期望与关注要素(品牌/价格/服务等)
3	业内竞争对手	厂商数量与质量	其他厂商的新型号、新款式、新技术及所占份额和促销活动
4	替代品	其他状况	现状、未来规划
5	潜在竞争者	新建厂商情况	未来1年在建店和开业店的数量、位置、品牌、活动及特点

4.3.3 内部资源评估

内部资源评估主要从管理力、市场力、人力和财力4个方面入手，具体内容如表4-3所示。

表4-3 内部资源评估

序号	要素	重要信息
1	管理力：内部管理能力	企业长远规划与发展定位、企业管理体制、组织机构及岗位设置、流程、考核与激励机制
2	市场力：外部市场开拓能力	当地影响力、渠道分销能力、维修服务能力、衍生拓展能力、客户关系管理能力、公关能力
3	人力：员工整体能力	人员数量、人员素质、人员稳定性
4	财力：财务实力	硬件设施及投资能力、融资能力、财务管理能力、盈利能力、利润结构

4.3.4 基于SWOT分析形成销售计划

SWOT分析是从优势(Strengths)、劣势(Weaknesses)、机会(Opportunities)和风险(Threats)4个方面对企业关键能力进行分析的过程。销售计划关键能力分析如图4-4所示。

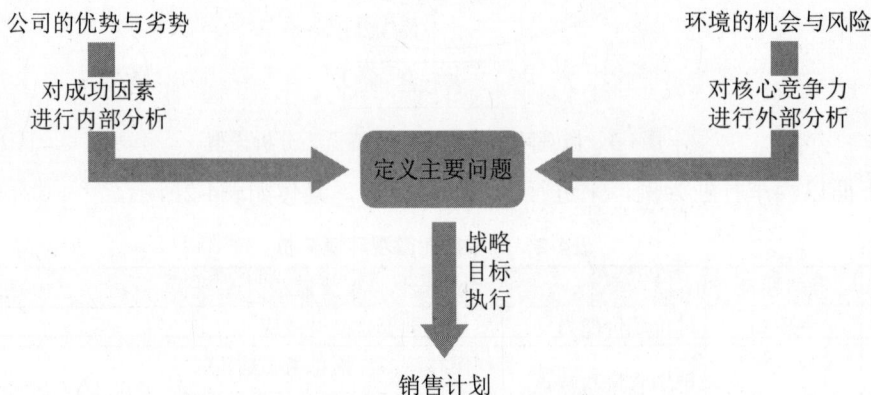

公司的优势与劣势　　　　　　　　　　　　　　环境的机会与风险

对成功因素　　　　　　　　　　　　　　　　　对核心竞争力
进行内部分析　　　　　　　　　　　　　　　　进行外部分析

定义主要问题

战略
目标
执行

销售计划

图4-4 销售计划关键能力分析

SWOT分析主要从内部资源和综合环境两方面考虑。

1. 内部资源优势、劣势分析

对内部资源的优劣势进行梳理总结，将内部状况评估表中的"好"与"很好"部分归纳为优势，将"较差"和"很差"部分作为劣势，分析过程如表 4-4 所示。

表4-4　内部资源的优势、劣势分析

优势(Strengths)		劣势(Weaknesses)	
具体优势	如何利用优势	具体劣势	如何弥补劣势
……	……	……	……
……	……	……	……

2. 内外部环境的SWOT分析

对企业内外部环境进行SWOT分析，据此形成销售计划，如表4-5所示。

表4-5　基于SWOT分析形成销售计划

项目	分析	策略
SO	依靠内部优势，通过(做)……，抓住外部机会	……
ST	依靠内部优势，通过(做)……，回避外部威胁	……
WO	通过(做)……，克服内部弱点或劣势，从而抓住外部机会	……
WT	通过(做)……，减少内部弱点或劣势，从而回避外部威胁	……

| 4.4　案例：产品需求计划制订 |

4.4.1　需求计划提报流程

1. 总体流程(见图4-5)

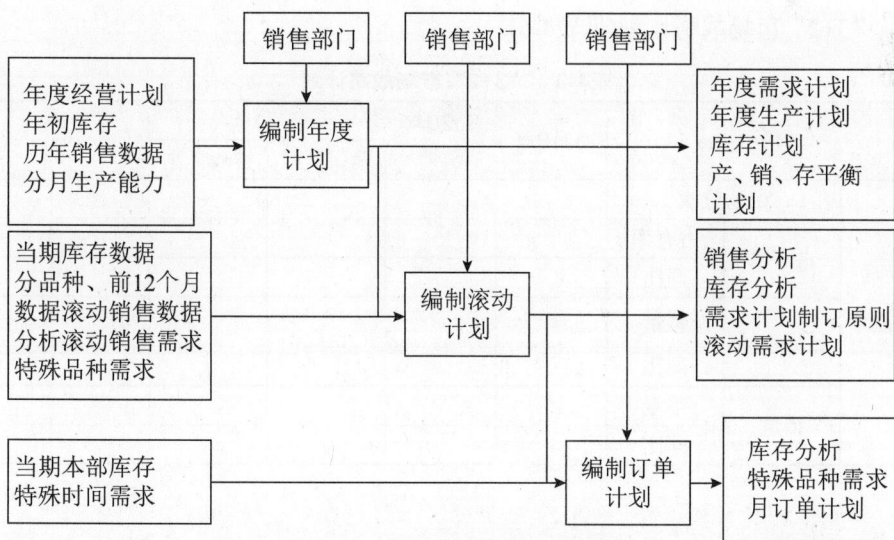

图4-5　需求计划提报总体流程

2. 年度计划流程(见图4-6)

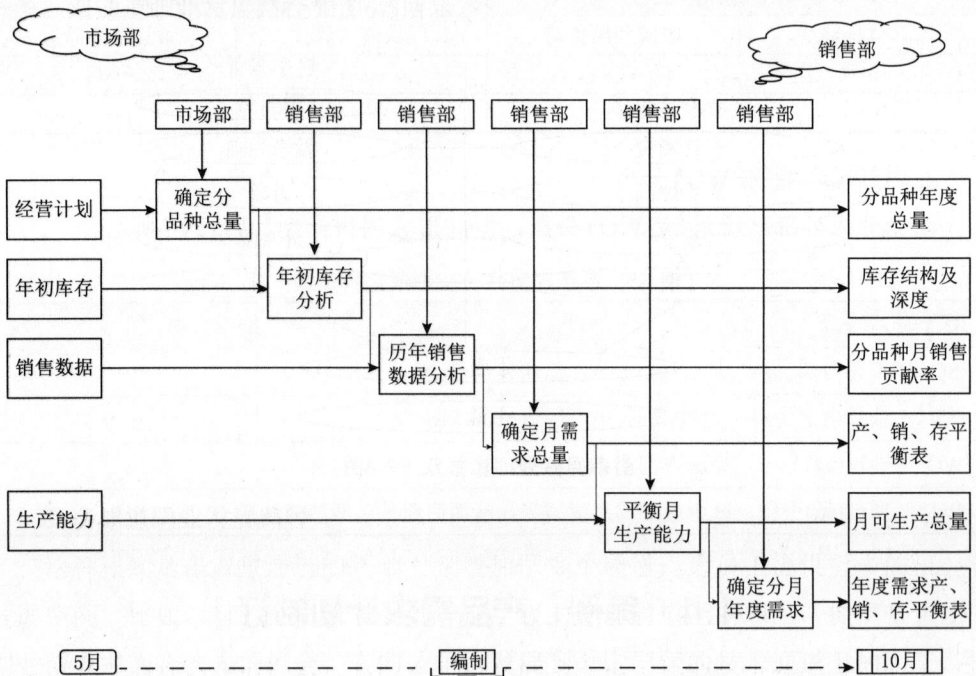

图4-6　年度计划流程

4.4.2　市场计划报表模板

1. "3+2"市场战略计划(见表4-6)

表4-6　"3+2"市场战略计划

年份		2019年	2020年预计	2021年		……	
				确保计划	挑战计划		
××品牌	市场位次						
	占有率 占有率						
	占有率 同比						
	目标市场 销量						
	目标市场 同比						
	销量 销量						
	销量 同比						

2. 3年销售计划(见图4-7)

表4-7 3年销售计划

| 类别 | | 2020年预计 | | | 2021年预计 | | | | 2022年预计 | |
| | | 预计 | 同期 | 同比 | 确保计划 | | 挑战计划 | | 确保计划 | 挑战计划 |
					计划	同比	计划	同比		
产品A	市场位次									
	占有率									
	销量									
产品B	……									
合计										

3. 年度需求计划

依据年度经营计划、销售与库存状况，滚动提报年度需求计划，如表4-8所示。

表4-8 年度需求计划

| 品牌 | 大区 | 市场部 | ××××年计划 | ××××年度分月计划 | | | | | | | | | | | | | | | | | | |
| | | | | 一季度 | | | | 二季度 | | | | 上半年 | 上半年比重 | 三季度 | | | | 四季度 | | | | 下半年 | 下半年比重 | 合计 |
				1月	2月	3月	小计	4月	5月	6月	小计			7月	8月	9月	小计	10月	11月	12月	小计			
品牌1	××区域	市场部																						

4. 产、销、存统计报表

产、销、存统计报表(见表4-9)体现各品牌、各品类之间的产、销、存关系，如表4-9所示。

表4-9 产、销、存统计报表

| 品牌 | ××××年完成 | | | | | | | | | | |
| | 开票 | 实销 | 生产入库 | 库存 | | | 存销比 | 超6个月库存车(按第一次发车统计) | | | 上月超期车 |
				市场终端	中心库	小计		数量	环比	比例	
A											
B											
……											
小计											

第 5 章

编制全面财务预算技巧——
经营能力确定财务预算目标

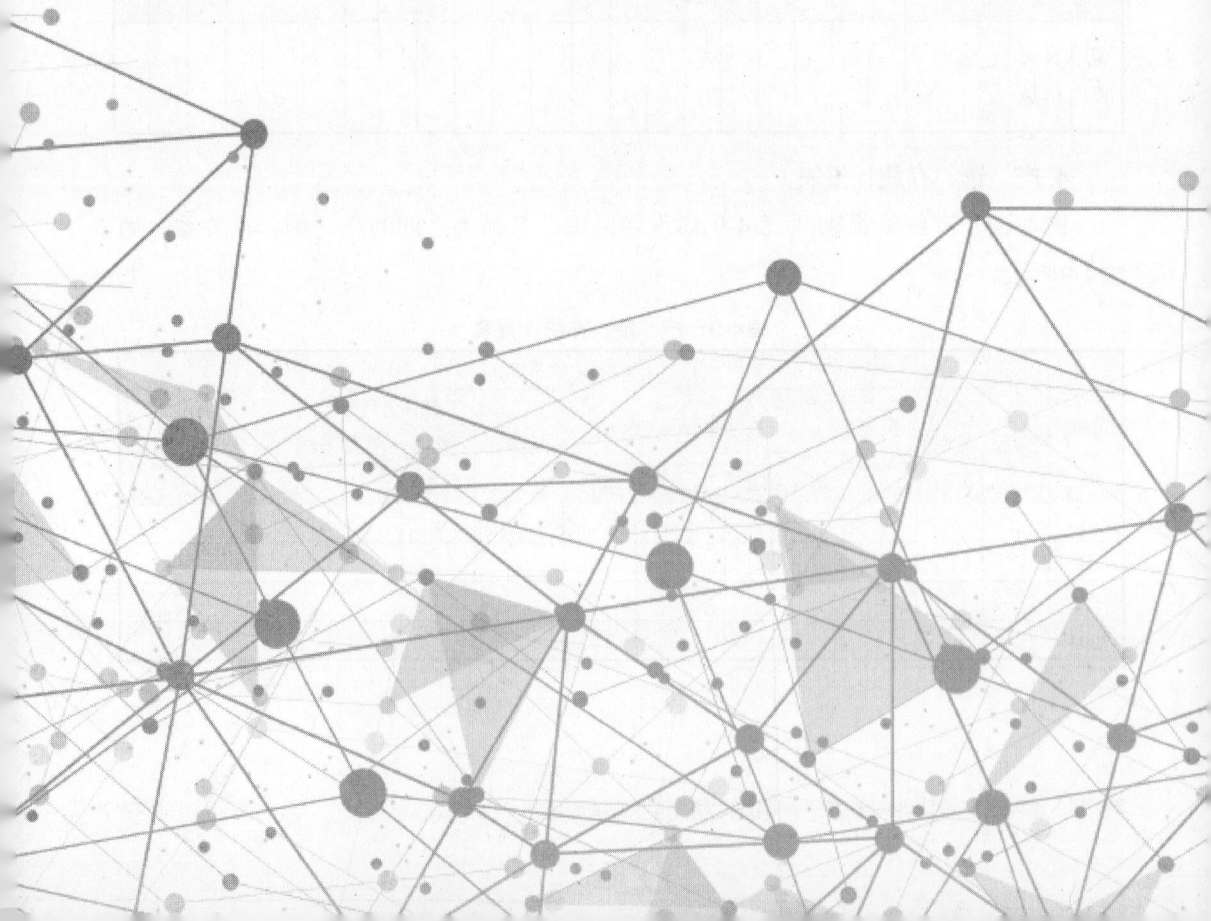

5.1 快速认识全面财务预算

评价企业人力资源规划的关键指标要素是在满足人力资源需求的前提下，其人工成本的竞争性和有效性。随着社会的发展，人们生活水平不断提高，支出也不断增加，因此对薪酬的期望越来越高，企业付出的成本越来越高，人工成本在企业的成本构成中占比也越来越大。企业在做财务预算时，也特别关注人工成本预算。企业经营出现困难时，要达到降本增效的目的，大多采用裁员的方式。因此，人工成本预算是财务预算的重要组成部分，全面财务预算对人力资源规划非常重要，有些企业甚至将人工成本预算的职能直接划归财务部门。

企业全面预算是关于企业一定时期内经营、资本、人力、财务等各方面的总体计划，包括计划期内企业价值链各环节的全部经济活动，并形成业务计划。财务预算是全面预算的重要部分，它将企业全部经济活动用货币形式表现出来，是业务计划的价值体现。根据管理周期，可将预算划分为战略预算与年度预算。全面预算管理模型如图5-1所示。

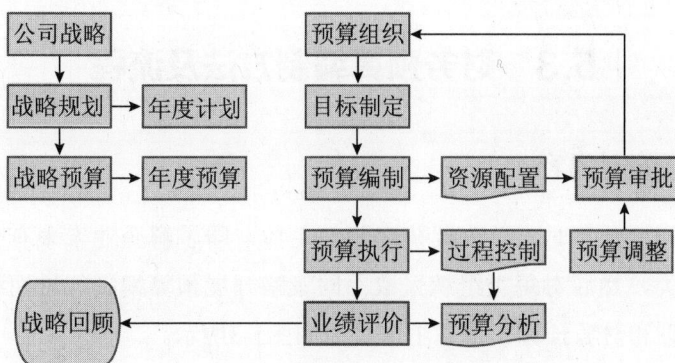

图5-1　全面预算管理模型

5.2 构建战略预算管理架构

战略预算服务于企业战略目标，是企业中长期战略目标的财务规划。战略预算管理架构通常分为十年规划、五年计划、两年预算三个部分，确保实现从战略规划到年度预算的执行落地，如图5-2所示。在业务层面，市场开发计划、产品开发计划、投资建设计划是贯穿战略制定到执行的预算主线。

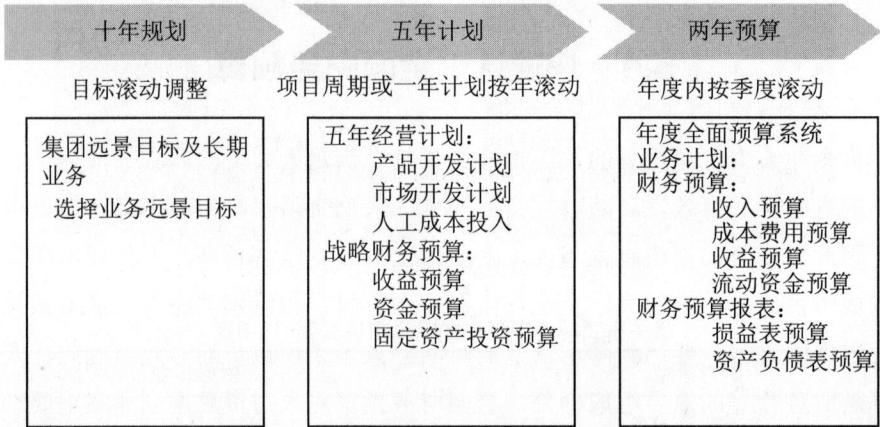

图5-2　战略预算管理架构

十年规划的重点是企业长期发展目标、产业规划以及产业布局安排；

五年计划的重点是新产品计划、项目投资计划、新市场开发计划以及实现步骤安排以及资金计划；

两年预算的重点是企业各项职能、业务两年运营预算，包括具体的运营策略与预算目标。

| 5.3　财务预算编制方法及流程 |

5.3.1　预算编制内容

企业编制年度预算时，首先要梳理预算主体，即了解企业未来有哪些组织，不同组织如何分类，然后对每类组织采取不同策略开展预算编制，进而编制每个预算主体的业务计划和财务预算。预算主体模型如图5-3所示。

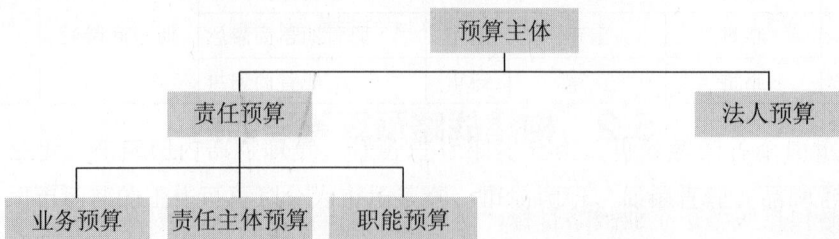

图5-3　预算主体模型

上承战略　下接数据——人力资源规划从入门到精通 |

1.业务计划(见图5-4)

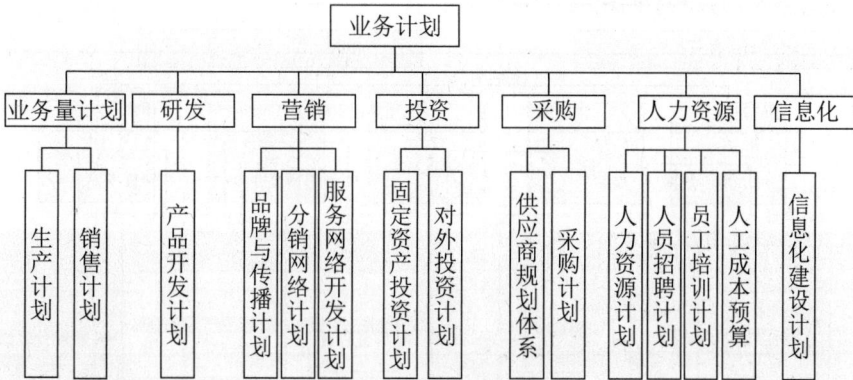

图5-4 业务计划构成

2.财务预算(见图5-5)

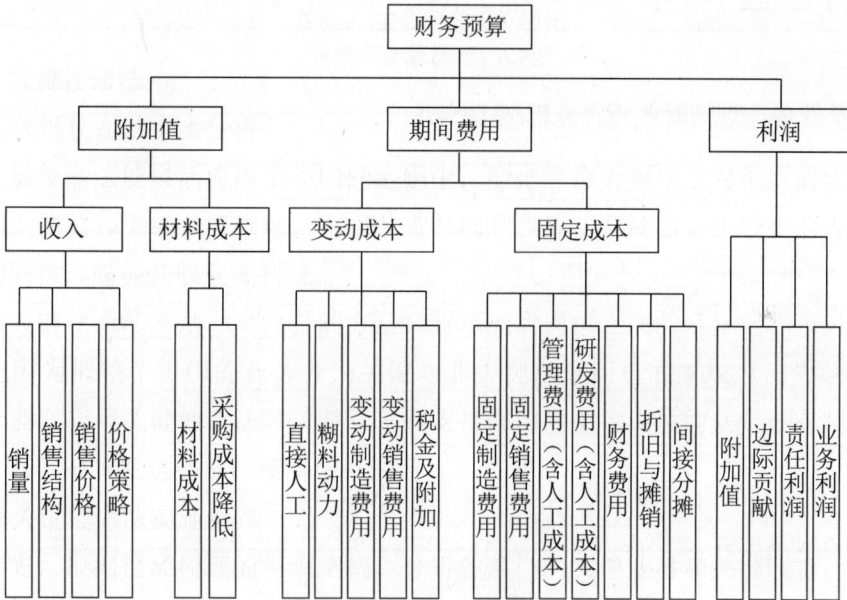

图5-5 财务预算构成

5.3.2 预算编制流程

预算编制是全面预算管理过程中的一个重要环节,预算编制质量直接影响预算的执行结果。预算编制是企业内部职能、业务沟通信息与资源匹配的重要过程,也是将企业战略层层分解为年度目标的过程,经过"自上而下、自下而上、分级编制、逐级汇总"，最终与各责任主体达成一致目标并下发执行。

1. 预算编制总流程(见图5-6)

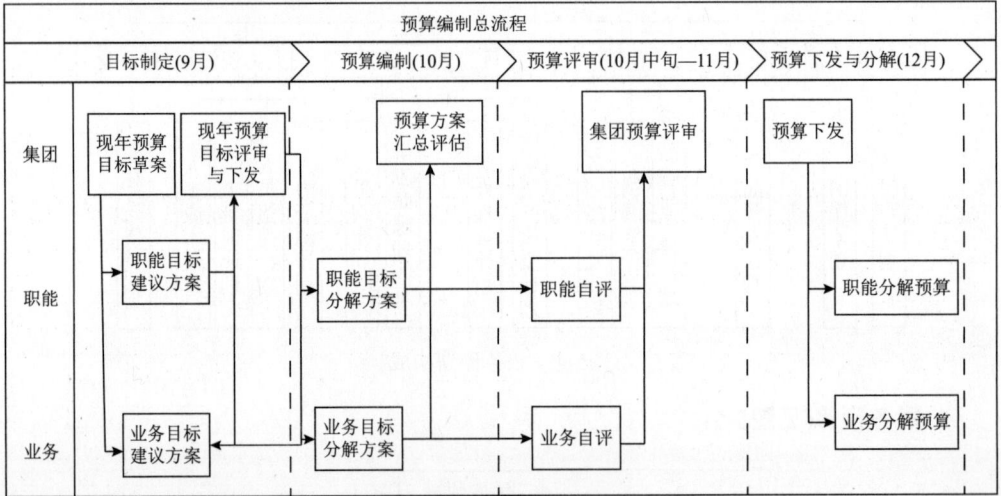

图5-6　预算编制总流程

2. 从业务计划到财务预算流程(见图5-7)

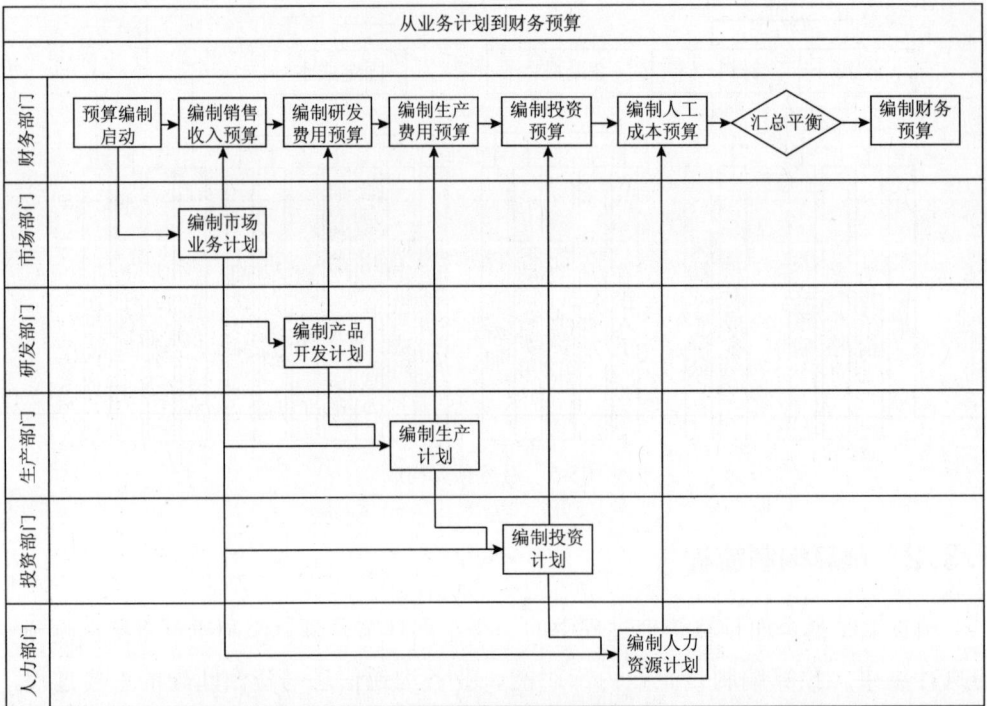

图5-7　业务计划到财务预算流程

　　　　　上承战略　下接数据——人力资源规划从入门到精通

5.4 编制全面财务预算模板

全面财务预算相关报表主要有财务预算主要指标简表、产品附加值表、费用明细表、业务损益表。某汽车生产企业的全面财务预算相关报表模板如表5-1~表5-4所示。

表5-1 财务预算主要指标简表

	指标	1月	2月	3月	4月	5月	6月	7月	8月	9月	10月	11月	12月
结果指标	产量												
	整车销量												
	销售收入净额												
	附加值总额												
	采购成本降低												
	边际贡献总额												
	固定成本												
	责任利润												
	责任利润率												
	业务利润												
	业务利润率												
盈利能力	单台附加值												
	其中：单台采购成本降低												
	单台边际贡献												
	单台变动成本												
	固定成本												
	保本点												
专项费用	人工成本												
	人事费用率												
	研发费用(费用化)												
	项目费用占收入比率												
	固定费用占收入比率												
	研发费用占收入比率												

表5-2 产品附加值表

项目				产品附加值表															
				整车销量	销售价格		折扣折让		价格促销		销售收入净额		实际材料成本		实际附加值		消费税		实际附加值(不含消费)	
					总额	单台	总额	单台	总额	单台	总额	单台	总额	单台	总额	单台	总额	单台	总额	单台
BUA	BUB	BUC	BUD																	
			BUD																	
			BUD																	
			小计																	
		小计																		
	小计																			
业务合计																				

表5-3　费用明细表

项目	1月计划		2月计划		……	12月计划	
	总额	单台	总额	单台	……	总额	单台
产品销量							
非产品销量							
直接人工							
燃动费用							
变动制造费用小计							
变动销售费用——工资性费用							
变动销售费用——促销性费用							
变动销售费用——售后服务费							
变动销售费用——商品运费							
变动销售费用小计							
变动费用合计							
固定制造费用小计							
固定销售费用——工资性费用							
固定销售费用——资产性费用							
固定销售费用——项目性费用							
固定销售费用——机构运营费							
固定销售费用小计							
管理费用小计							
研发费用(费用化)小计							
公司总部费用分摊							
管理费用合计							
财务费用							
税金及附加							
技术类无形资产摊销							
固定费用合计							
费用明细总计							

表5-4　业务损益表

项目	1月计划	2月计划	……	12月计划
产品销量				
非产品销量				
销售收入				
折扣折让				
价格折让				
销售收入净额				
直接材料				

(续表)

项目	1月计划		2月计划		……		12月计划	
其中：采购成本降低								
直接人工								
燃料动力								
变动制造费用								
变动销售费用								
保修收入								
保修支出								
运费收入								
运费支出								
税金及附加								
变动成本								
边际贡献总额								
固定制造费用								
固定销售费用								
管理费用								
技术开发费								
制造费用——折旧								
制造费用——模具摊销								
管理费用——折旧及摊销								
销售费用——折旧及摊销								
技术类无形资产摊销								
折旧及模具摊销								
固定成本								
金融风险准备金								
其他资产减值准备								
资产减值准备								
财务费用								
营业外收支净额								
其他业务利润								
责任利润								

第 6 章

定岗管理技巧方法——
组织管理效能确定岗位

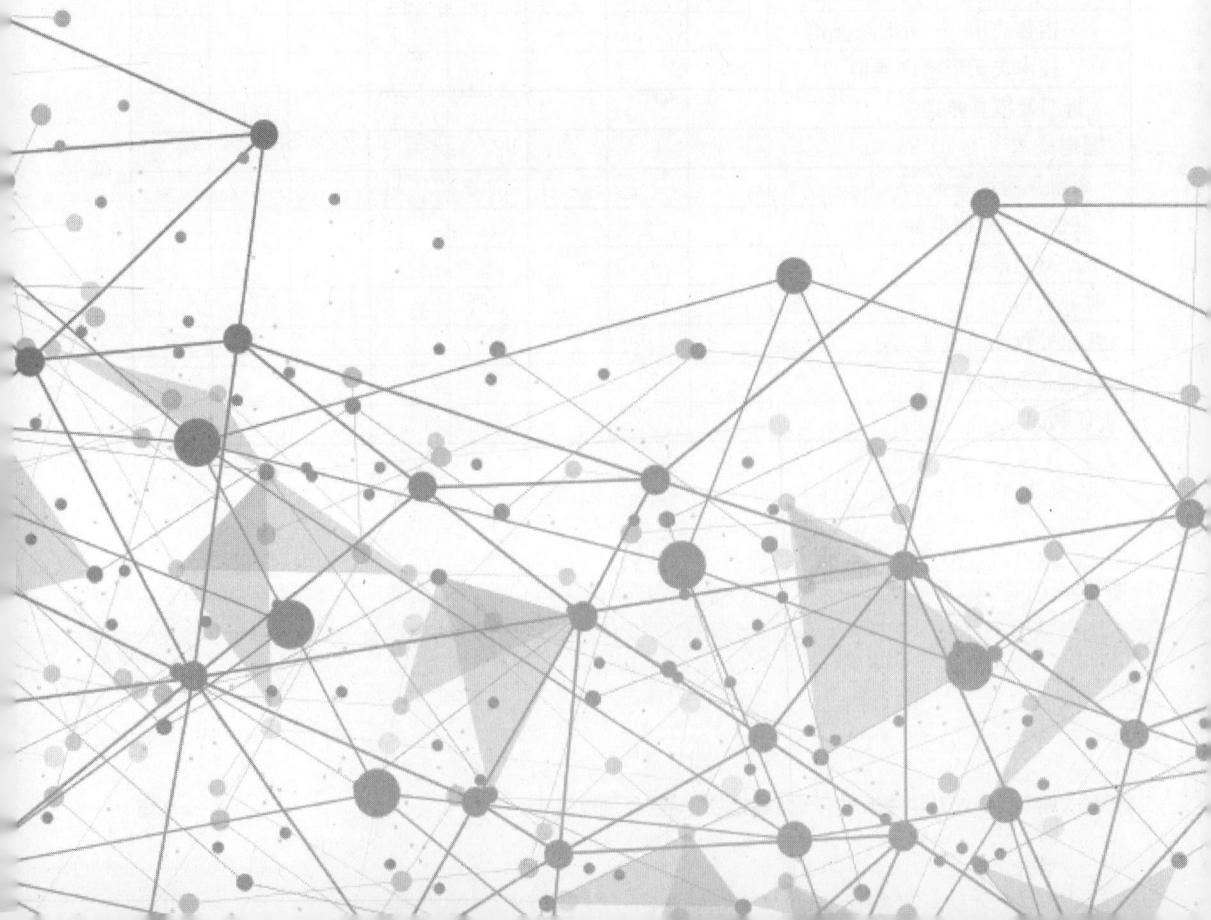

"三定"在企业中一般指定岗、定编、定员，是确定岗位、确定岗位编制、确定人员数量标准的合称。

确定岗位是指设计组织中承担具体工作的岗位，定岗的过程就是岗位设计的过程；确定岗位编制是指在组织结构框架内进行岗位设置和人员配置；确定人员数量标准是指根据企业既定的产品方向和生产规模，在一定时期内和一定的技术、组织条件下，规定企业配备各类人员的数量标准。

在实际工作中，确定岗位、确定岗位编制和确定人员数量标准三者是相辅相成、密不可分的。比如，当一个岗位被确定之后，就会自动有数量和质量的相关标准产生。

在企业经营中，"三定"是一项基础的人力资源管理工作，也是主要的工作，是企业做人力资源规划、人员配置的必备工作。由于受诸多要素的影响，"三定"工作并没有一个完全固定的模式，各企业可根据自己的情况选择不同的方法来运作。

| 6.1　岗位构建的意义和依据 |

亚当·斯密在《国富论》中论及岗位设计时，以制针业为例说明了岗位专业化分工的效率。"科学管理之父"泰勒所进行的"时间—动作"研究，实际上也是一种岗位设计，他将岗位的工作程序和操作方法标准化，大大提高了劳动生产率。

岗位是指组织中为完成某项任务而设计的工作单元，是组织要求个体完成一项或多项职责而赋予的权利总和。

定岗的过程就是岗位设计的过程。岗位设计也称为工作设计，是指根据组织业务目标的需要，兼顾个人需要，规定某个岗位的任务、责任、权利以及与组织中其他岗位关系的过程。岗位设计要解决的主要问题是组织采取何种方式向其成员分配工作任务和职责。

6.1.1　岗位设计的意义

岗位设计是通过满足员工与工作有关的需求来提高工作效率的一种管理方法，因此，业务分解是否得当对激发员工的工作热情、提高工作效率都有重大影响。岗位设计把企业战略和业务目标分解到每个员工身上，因此如果在系统或流程的变革中没有对岗位进行相应的调整，这种变革注定不会成功。

岗位设计可以帮助企业进行人力资源规划、预测，以便更好地帮助企业实现业务目标。由于人的主观能动性是难以预测的，因此，在任何时候定岗都不可能是绝对准确的，只可能是相对合理的参考。由于企业所处的环境以及各种条件变化越来越快，定岗只在某一时间段内有意义。一旦某些因素发生新变化，企业必须同步对岗位进行再调整。

6.1.2 岗位设计的依据

岗位不是孤立存在的，它的设置取决于公司管理业务模式，受业务战略、业务流程、组织模式等影响，如图6-1所示。

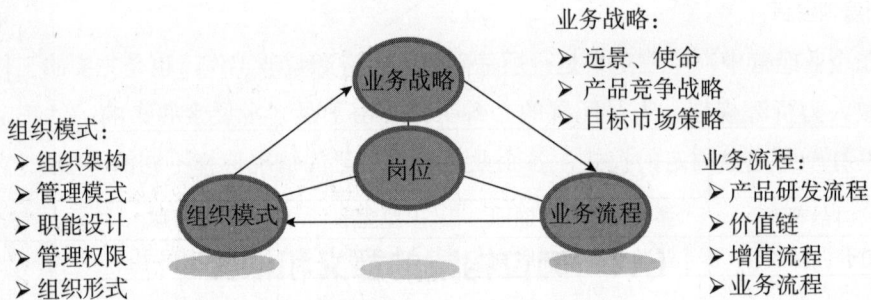

图6-1 岗位设计的业务要素

1.业务战略决定岗位架构

1) 什么是业务战略

战略是指目标、意图或目的以及为达到这些目的而制定的主要方针和计划的一种模式。这种模式决定了企业正在从事或应该从事的经营业务，以及界定了企业所属或应该所属的经营类型。战略不是来自主观想象，也不是来自某一个方面的考虑，而是多种因素的综合。

2) 战略框架制定"五问"法

在战略框架制定过程中，要从不同角度和多个方面提出思考，可以将其归纳为五问法。

(1) 一问：组织的目标是什么？例如，这个问题的答案可以是：在收益和业绩方面成为行业中的佼佼者，或将企业打造成为全球范围内服务最优企业等。

(2) 二问：未来企业将在哪些方面参与竞争？例如，这个问题的答案可以是：在某商业领域的某细分市场上占据头筹，主导动力电池专业；在最具潜力的市场强化企业的存在，脱离无利可图的市场。

(3) 三问：在所选市场中，企业取胜的法宝是什么？例如，这个问题的答案可以是：客户满意的优质产品和服务；通过与本公司保持特殊关系的经纪人销售产品和服务；创新形式的销售。

(4) 四问：为了在市场取胜需要具备哪些能力？例如，这个问题的答案可以是：市场营销能力(客户需求、风险细分、客户关系管理、品牌树立、经纪人管理)；产品开发能力。

(5) 五问：需要实施和推进哪些体系和管理方式？例如，这个问题的答案可以是：有关决策和责任清晰的组织结构；管理信息系统；业绩衡量体系；客户关系管理；产品开发管理；竞争对象信息体系。

2. 业务流程指导岗位设计

流程是指一个或一系列连续的、有规律的活动，这些活动以确定的形式进行，并实现特定的目标。最简单的流程有一个输入和一个输出，输入经过处理后变成输出。合理的流程应该使输出价值大于输入价值，而不是等于或者小于输入价值。

企业内外价值增加的活动可分为基本活动和支持性活动，基本活动包括企业开发生产、销售、物流、服务等方面，支持性活动包括人事、财务、计划、采购等方面，基本活动和支持性活动构成了企业的价值链。不同企业的价值活动，并不是每个环节都创造价值，实际上只有某些特定的价值活动才真正创造价值，这些真正创造价值的经营活动，就是价值链上的"战略环节"。企业要保持的竞争优势，实际上就是企业在价值链的某些特定战略环节上的优势。

3. 组织模式制约岗位设计

组织是由两个以上的人为达成共同的目的而组合起来的群体，它在职务范围、责任、权利、相互关系等方面形成的结构体系，就是组织结构。

一般来说，组织都要经历一个从小到大、从简单的产品或服务到复杂的产品或服务的发展过程。企业所处的发展阶段直接影响其管理模式，从而影响具体的组织形式。各类组织结构与其集权或分权程度、业务种类或数量多少，以及地区距离远近都有直接关系。

组织结构的演变过程如图6-2所示。

时期	业务重点及能力	组织结构	图示

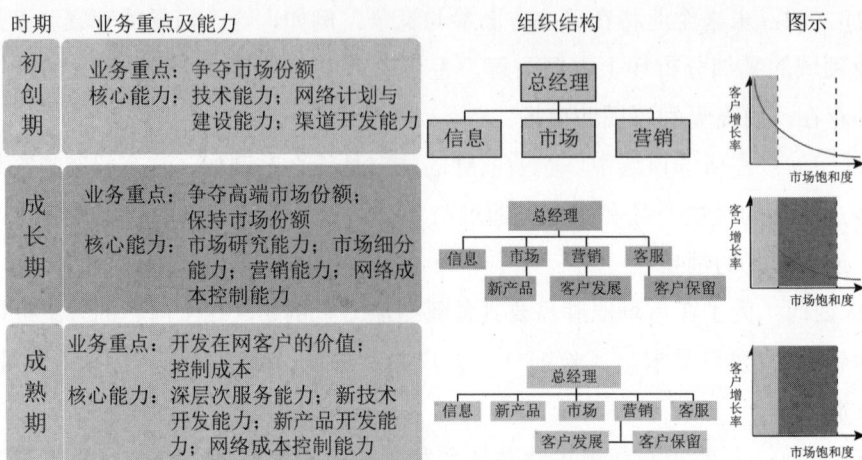

图6-2　组织结构的演变过程

6.2　五位一体岗位管理体系

岗位管理体系是人力资源管理体系的基础，它直接与薪酬管理体系、绩效管理体系、职业发展体系等形成关联并相互作用，保证公司能够持续吸引、激励、保留优秀人才。岗位管理体系包含岗位职责、岗位族群、职业发展通道、岗位图谱及称谓4个部分，最终落实到岗位说明书。五位一体的岗位管理体系如图6-3所示。

图6-3　五位一体的岗位管理体系

6.2.1　岗位职责

岗位职责是组织管理的纵向职能分解，是指一个岗位需要去完成的工作内容以及应当承担的责任范围，是具象化的工作描述，可将其归类于不同职位类型。岗位是组织为完成某项任务而确立的，由职种、职务、职称和等级等性质所组成，必须归属于一个人。职责是职务与责任的统一，由授权范围和相应的责任两部分组成。

6.2.2 岗位族群

岗位族群是工作内容、工作性质相近或相似，且岗位任职者所需知识、技能、领域相同或相近的岗位组成的岗位集合。对于岗位族群，可以从岗位序列和岗位角色两个角度进一步分析。

建立岗位族群体系，一是为人力资源调配提供一个依据，实现对数量庞大的岗位进行动态管理；二是建立多通道的职业发展路径，拓宽员工在企业的发展空间，增强对核心人员的保留与激励力度；三是可以针对不同岗位族群，制定个性化的人力资源管理配套方案，包括薪酬激励、培训与发展、人员选拔与配置、绩效管理在内的人力资源管理平台。

岗位族群设计路径如图6-4所示。

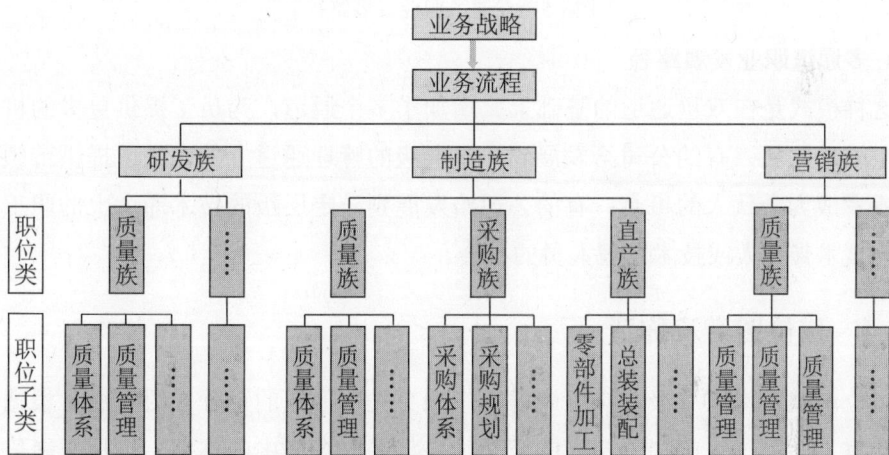

图6-4 岗位族群设计路径

6.2.3 职业发展通道

1.横向通道职业发展路径

横向通道职业发展采取工作轮换的方式，通过横向的流动，使工作具有多样性，让员工焕发活力，去迎接新的挑战。横向通道虽然没有加薪或晋升，但可以增加员工的职业价值。如果组织没有足够多的职位提供给员工，员工自然就会倦怠，此类组织可采用横向通道。

2.双通道职业发展路径

双通道职业发展分为管理通道和技术通道。员工沿着管理通道可以通往职级更高的管理职位；沿着技术通道可以通往更高级的专业技术职位。企业在制定通道政策时，尽量将两个通道在同一等级上的利益设计平等，员工可以自由选择两条通道中的任意一条。双通道职业发展路径如图6-5所示。

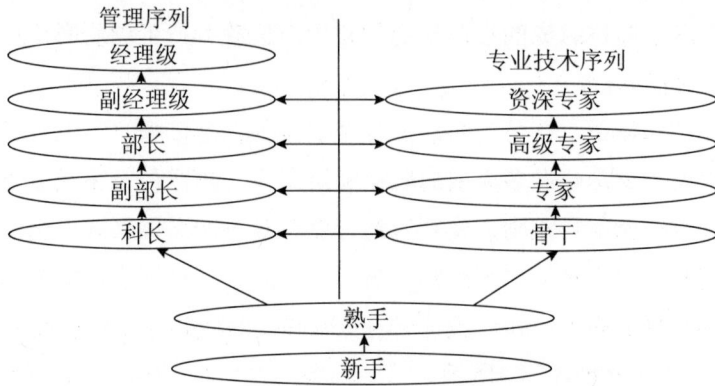

图6-5　双通道职业发展路径

3.多通道职业发展路径

这种模式是在双重通道的基础上又增加了多个通道，为员工提供更多的机会和发展空间。比如，有的公司给发展到一定层级的管理通道上的职工，提供带领团队创业或者成为合伙人的机会；有的公司给发展到一定层级的技术通道上的职工，提供成为技术带头人或技术管理人员的机会。

6.2.4　岗位图谱及称谓

岗位图谱是岗位层级与岗位族群、序列交叉所形成的矩阵。组织通常根据横向岗位族群、序列与纵向岗位层级的交叉结果，选取图谱中的称谓，再根据岗位称谓细分工作角色。某公司的岗位图谱及称谓设计如图6-6所示。

分类	职位架构	××××公司					
		研发	工艺	营销	生产	行政人事	——————
管理类	总经理	总经理					
	副总经理	副总经理		副总经理	副总经理	副总经理	
	总监级	总监	总监	总监	总监	总监	总监
	部长级	部长	部长	部长	部长	部长	部长
	副部长级	副部长	副部长	副部长	副部长		
专业类	六级	专家	专家				
	五级	高级主任工程师	高级主任工程师	高级主任营销经理			
	四级	主任工程师	主任工程师	主任营销经理	主任生产主管		
	三级	高级工程师	高级工程师	高级营销经理	高级生产主管	高级行政人事主管	高级主管
	二级	工程师	工程师	营销主管	生产主管	行政人事主管	主管
	一级	助理工程师	助理工程师	营销专员	生产专员	行政人事专员	专员
	见习	见习员	见习员	见习营销专员	见习生产专员	见习行政人事专员	见习专员

图6-6　岗位图谱及称谓设计

6.2.5 岗位说明书

岗位说明书，是对企业期望员工做些什么，员工应该做些什么、应该怎么做和在什么样的情况下履行职责的汇总。岗位说明书又称为职务说明书或职位说明书，是人力资源管理的基础文件，是工作分析的最终结果，是用规范的文件形式对组织内各类岗位的工作性质、任务、责任、权限、工作内容和方法、工作条件、岗位名称、职种职级以及该岗位任职人员的资格条件、考核项目等做出统一规定的文件。岗位说明书为企业的招聘录用、工作分派、签订劳动合同以及职业指导等提供原始资料和科学依据。

岗位说明书最好根据公司的具体情况来编制。编制时，文字要简单明了，内容越具体越好，避免形式化、书面化。另外，随着公司规模的不断扩大，岗位说明书在一定时间内要进行一定程度的修正和补充，以便与公司的实际发展状况保持同步。

岗位说明书的基本格式主要包括八项具体内容信息，即职务基本信息、职务目的、管理权限、工作关系、责任范围与影响程度、工作业绩衡量标准、任职基本要求和高绩效要求、薪资收入标准与变化的条件与要求。这八项内容是企业对岗位的要求与规范，也是考核员工的基本标准。同时，通过岗位梳理和描述定位，定位了该职务在组织中的相对价值，为以后的职务评估考核和招聘提供理性的参考，也为组织目标的落实提供明确的标准。

岗位说明书模板如表6-1所示。

表6-1　岗位说明书模板

岗位说明书					
一、基本信息(与岗位相关的信息)					
岗位名称		所属单位/部门		岗位代码	
岗位类		岗位子类		工作地点	
岗位等级		直管上级		核准人	
二、岗位目的(简要介绍设置该岗位的主要目的，突出该岗位对组织独一无二的贡献)					
三、工作关系(该岗位在组织中的位置、协作关系、岗位变动关系，不包括日常的交流、简单的文件传递关系)					
岗位工作关系					

岗位协作关系	内部协作关系	
	外部协作关系	

四、岗位责任(岗位的关键责任和要实现的成果)

序号	职能职责	输出物	承担角色	工作频次/占比
1.				
2.				

五、任职资格(担任该岗位所需的任职资格和素质要求)

基本条件	最低学历	专业要求		从业资格	
工作经验	工作年限	□应届毕业生　□1～2年　□3～5年　□6～9年　□10年及以上			
	工作经验				
培训经历	培训经历				
知识/技能	外语要求	计算机操作要求	专业知识	技能要求	素质要求

| 6.3　岗位构建的流程和方法 |

在设计公司的组织结构时,应该以组织策略、公司管理模式、各级部门职责划分和汇报关系为依据,并最终通过岗位设计反映和落实到岗位职责上。

6.3.1　岗位构建的流程

第一步,了解对现有岗位产生影响的各种因素以及新的需求与现状的差距等。

第二步,确定需要弥补差距的主要方面并选择适当的岗位设计方法。

第三步,设计新的岗位设置方案。

第四步,与有关人员交流,建立新的方案试点,通过试点取得经验并逐步推广。

6.3.2　岗位构建的方法

1.组织分析法

组织分析法是组织广泛采用的岗位设计方法,通常适用于大型企业的大范围重组项目，组织设计和岗位设计占这个项目的大部分工作。

1) 组织分析法优劣分析

组织分析法能深入解决许多细节问题，能提供完善的组织和岗位设计，并可以提交一个与公司长远战略一致的解决方案。但是，组织分析法的设计往往基于一个比较理想的组织模型，而现实情况往往不是这样。另外，这类岗位设计往往过于复杂和具体，需要客户的大力支持。因此，企业在使用组织分析法时必须有一个相对稳定的业务环境和发展战略，否则难以形成相对稳定的组织结构和职责分工。

2) 组织设计需考虑的主要问题

组织设计的目标是为每个组织单元制定清晰的绩效目标，并协助组织做出高效的决策以实现整体业务目标，在设计时应考虑以下几个维度。

- 最适合的组织结构是什么？战略性的业务单元是什么？以产品为主，还是以职能或区域为主？组织对于每个组织单元的绩效期望是什么？
- 高级管理层的职责和角色是什么？
- 要制定的关键决策是什么？商业模式是什么？应选择业务计划、营销计划、财务计划、人力资源计划中的哪一个？
- 这些决策如何执行？如何协调？
- 每个组织单元的绩效如何评估？

3) 组织分析法实施步骤

第一步，确定总部对分支机构的管理模式，即明确授权方式和服务实现方式。授权方式是指集团总部与下属经营机构之间对管理权限的划分，它反映了集团对经营机构的管控程度。授权方式分为财务管理型、战略指导型、操作管理型三种。服务实现方式是指集团内各项服务的提供方式。服务实现方式有总部直接处理、共享服务中心、外包或与外界合作、业务单元共享中心、业务单元内部等几种形式。根据服务性质，具体确定不同的方式，从而提升服务质量和经济效益。

第二步，对各主要职能进行分析，明确各部门的使命和关键职责，明确各职能、各层级之间在主要职责上的决策流程和汇报关系。某公司市场部的使命与关键职责如图6-7所示，决策流程和汇报关系如表6-2所示。

使 命	关 键 职 责
保持市场地位领先，不断提升公司盈利水平； 以有价值的重点客户为核心，巩固并发展用户群； 时刻保持并不断提升品牌形象； 有力支持下属子公司的营销运作，同时确保整体规划与集中管理	营销战略规划； 品牌管理； 基础与专项市场研究； 年度或月度具体市场计划制订与执行监控； 对下属子公司的日常业务管理

图6-7 某公司市场部的使命与关键职责

表6-2 某公司市场部的决策流程和汇报关系

业务模块			业务权限			
一级要素	二级要素	三级要素	××事业本部			
			部长	××业务总监	××业务总监	总经理
分销	网络规划	网络战略规划管理	负责	审核	审定	批准
		中长期网络规划管理	审核	审定	批准	
		市场网络数据管理	审定	批准	—	
	网络开发	经销商信息管理	审核	审定	批准	
		经销商甄选管理	负责	审核	批准	
		经销商授权管理	负责	审核	审定	批准
		经销协议签订	负责	审核	审定	批准
	网络建设	店面建设管理	审核	审定	批准	
		店面验收管理	审核	审定	批准	
		EI标准管理	负责	审核	审定	批准
	网络运营管理	经销商商务管理	负责	审核	审定	批准
		经销商业绩运营管理	审核	审定	批准	
		经销商风险管理	负责	审核	审定	批准
	经销商培训	培训规划管理	审核	审定	批准	
		经销商培训管理	审核	审定	批准	
		供应商管理	审核	审定	批准	

第三步，在部门内部对职责、任务进行细化分类，再分解到各个岗位上。例如，公司市场部的工作可再划分为市场策划、市场调研、促销管理、品牌管理等，再相应设置不同的岗位，如图6-8所示。

上承战略 下接数据——人力资源规划从入门到精通

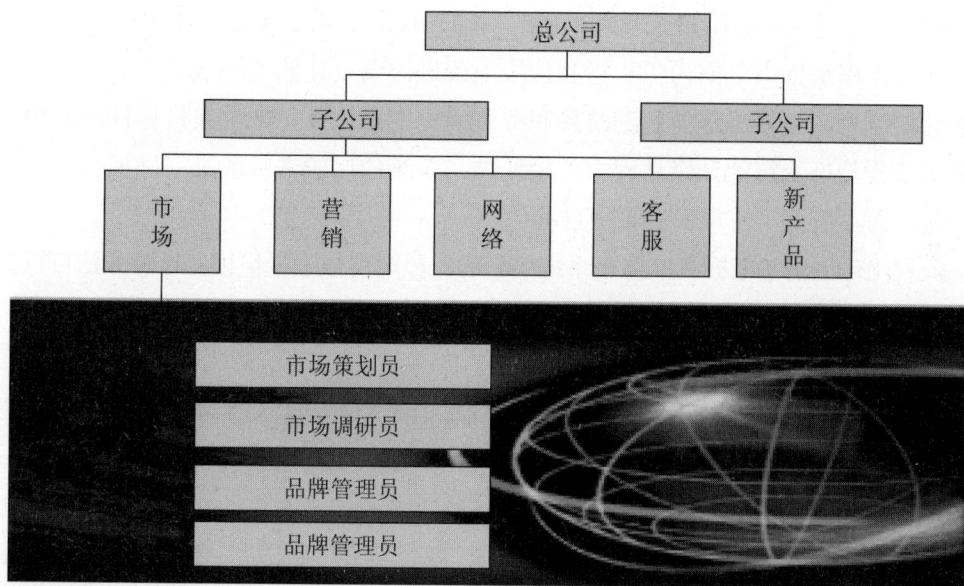

图6-8 某公司的岗位细化

2. 关键使命法

1) 关键使命法优劣分析

关键使命法能灵活应用于不同的组织中，能把注意力集中于对组织的成功起关键作用的岗位和关键业务领域，可以节省时间和预算，帮助企业用较少的投资得到较高的回报，确保获取业务利益。

但关键使命法不是一个综合的方法，有可能对岗位之间的衔接处理相对较差，也可能因为把整个组织的业务分为关键与非关键部分而造成组织内部的摩擦。因此，企业在应用关键使命法时，对管理和支持部门的关键岗位的认定要有判断力和决心，否则很难在这些部门运用该办法。

2) 关键使命法实施步骤

首先，根据已经梳理的组织结构，分析各部门的关键业务和关键职责，明确需要设定的关键岗位；其次，通过岗位分析，确定各关键岗位的核心角色；最后，界定关键岗位的主要职责，以现有的组织结构图和岗位职责为基础，形成科学规范的岗位说明书。

3. 流程优化法

在讲流程优化法之前，我们需要了解现有流程和未来流程。

现有流程是指当组织需要把现在解决问题的连续活动和流程形象化，或为了理解和分析当前的流程"是什么"的时候所绘制的流程。现有流程能起到标明当前的工作步骤、确定瓶颈、剔除多余和无价值的活动、找出错误的原因并修改的作用。

未来流程是指当组织为了执行和持续地改进想要设计的"应该是什么"的时候所绘制的流程。未来流程能起到解释和改进岗位变化关系、提供改进标杆的作用。在未来流程与IT系统的升级过程中，能通过与系统的比较进行改进，确保实现更高的价值，而不仅仅"把现在的流程自动化"。

流程优化法通常根据新的信息系统或新的流程对岗位进行优化。这种方法可以确定新的岗位，适用于较小的项目范围，主要在实施一个新的管理信息系统时应用。

1) 流程优化法优劣分析

流程优化法关注新的管理信息系统对在岗者的影响，服从于系统要求，根据新的信息系统进行调整。但若企业没有真正投入大量的资源进行岗位设计，可能会导致较差的结果。因此，参与人员必须十分熟悉工作流程，否则很难提出适宜的改进意见。但是，参与人员又必须能跳出原有的、已经习以为常的工作流程，否则也很难提出创新的改进意见。

2) 流程优化法实施步骤

第一步，确立流程并对各流程区分优先程度。

第二步，绘制"现有流程"的同时，收集数据并了解客户的需要，分析内部活动及其成本，并对问题产生的根源和解决办法进行分析，建立比较的基准。

第三步，绘制"未来流程"。

第四步，确定试点，对试点范围内发现的问题进行调整。

第五步，全面推广并实施。

某公司流程优化实施步骤如图6-9所示。

3) 确定各主要业务流程的关键控制要点

宏观地说，流程由投入、过程和结果三部分组成，而流程本身可以控制的部分包括过程和结果。因此，企业要想让流程合理、高效并达到目的，除了要对其结果进行控制，还需要对其过程中所历经的时间、所花费的成本、所可能产生的风险进行控制，才能保证流程发挥作用，最终促成企业的成功。

因此，在对各主要业务流程进行分析时，主要应该从时间、成本、风险、结果4个方面来考虑。

4. 标杆对照法

标杆对照法是指参照本行业典型企业现有的岗位设置进行岗位设计的方法，适用于不太精确的项目。标杆对照法简单易行，可以由企业内部人员设计，设计成本低，企业能够很快完成工作岗位设计。但由于各企业的战略、自身条件等总会有差异，所以也不能简单地照搬照抄，而应该在实践中根据自身情况不断进行调整，否则容易脱离本企业实际，造成新的混乱。因此，企业需要对标杆企业或参考数据有比较透彻的了解，否则参考意义有限。

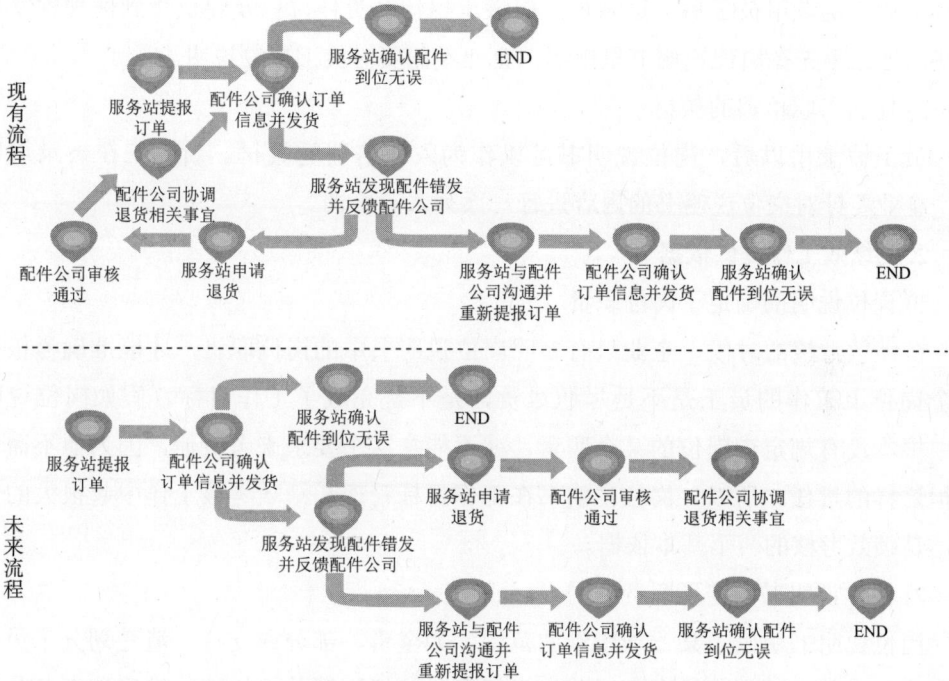

图6-9 某公司流程优化实施步骤

以上各种方法的运用不是绝对的，而应该根据不同部门或岗位情况运用不同的方法。岗位设计成功的关键是与组织中每一个可能会受到岗位重新设计影响的人保持沟通、交流信息，让大家了解，我们为什么要变革？变革对我们来说意味着什么？变革会给组织带来什么好处？我们需要准备什么？让大家了解变革的意义，共同促进变革成功。

| 6.4 定岗在HR方面的应用 |

1. 为招聘工作提供依据

1) 确定岗位的任职条件

岗位说明书确定岗位的任职条件，而任职条件是开展招聘工作的基础，招聘工作需要依照任职条件来挑选人员，不满足任职条件的人，不能录用。如果企业一定要录用某位不满足任职条件的应聘人员，也只能降格录用，例如工资等级下降、职务等级下降。

2) 岗位说明书将作为签订劳动合同的附件

企业决定录用员工后，这名员工应该承担什么责任，以及要负责到何种程度，这些问题已事先在岗位说明书里申明，企业不需要对员工重复说明。

3) 作为入职培训的教材

员工被录用以后，岗位说明书可以作为入职培训的教材。新员工在被录用以后，企业要针对岗位说明书的内容进行一系列入职培训。

2. 为绩效工作提供依据

1) 岗位说明书确定了岗位职责

在绩效考核的时候，企业只有参照岗位说明书中的岗位职责，才能准确考核在这个岗位上工作的员工是不是尽职尽责，是不是完成了工作目标。假如岗位说明书中根本没有规定该岗的某个职责，就不能拿这个要求来考核他，因为他不需要承担这样的责任。所以，岗位说明书在工作目标管理和绩效考核工作中起很大的作用，是绩效考核的一个基本依据。

2) 岗位说明书确定了职责范围

岗位说明书明确了某一项职责的范围，如全责、部分或支持，清楚划分了员工的职责。当某一项工作没有完成或出现问题时，组织据此能快速、准确地查到是哪位员工的责任。

3) 岗位说明书确定了考核内容

岗位说明书的考核评价内容与绩效考核标准应该是一致的。

3. 为薪酬管理提供依据

岗位评价是企业制定薪酬政策的基本依据，整个薪酬体系需要以岗位评价作为支撑性资料，而岗位评价的基础是岗位分析和岗位说明书。企业如果没有岗位说明书、岗位内涵分析、员工规格分析等资料，就无法进行岗位评价。因此，从根本上说，岗位说明书为企业制定薪酬政策提供了重要的依据。缺少了岗位说明书，企业的薪酬政策将很难实施。

4. 为培训需求提供依据

根据岗位说明书的具体要求，对一些任职条件不足但其他方面优秀、符合公司急需人才要求的员工进行有针对性的岗位专业知识和实际技能培训，完备其上岗任职资格，使其达到岗位说明书的任职要求。

5. 为人才发展提供依据

员工的晋升与开发，离不开人事考核。人事考核一般以岗位说明书的要求为依据，通过对员工德、能、勤、绩等方面的综合评价，判断其是否称职，并以此作为任免、奖罚、发放报酬、培训的依据，从而促进"人适其位"。根据岗位说明书规划的员工晋升路径图，可作为规范化管理的一个基础文件，有助于员工明确将来能升到什么职位或达到哪类任职条件。

第 *7* 章

定编管理技巧方法——
职能职责设计确定编制

| 7.1　定编管理工作的原则 |

1. 以经营目标为中心，科学、合理地定编

首先，企业定编工作就是要合理地确定各类人员的数量以及它们之间的比例关系，其依据就是计划期内的企业目标业务量和各类人员的工作效率。

其次，企业选编要做到"精简有效"，在保证工作需要的前提下，与同行业标准或条件相同的企业所确立的标准相比较，体现出组织机构精干高效、用人相对较少、劳动生产率相对较高的特点。

最后，企业定编要从企业实际出发，结合企业的技术、管理水平和员工素质，考虑到提高劳动生产率和开发员工潜力的可能性。

2. 各类人员的配比要协调

企业在做定编时，总结起来要处理好以下几个方面的关系：一是处理好企业直接与非直接经营人员的比例关系；二是处理好直接与非直接经营人员内部各种岗位之间的比例关系；三是设计好管理人员与全部员工的比例关系，这是因为管理人员占员工总数的比例与企业的业务类型、专业化程度、自动化程度、员工素质、企业文化以及其他一些因素有关。

3. 定编队伍以专家为主，走专业化道路

定编是一项专业性、技术性强的工作，它涉及业务技术和经营管理的各个方面。从事这项工作的人，应具备比较高的理论水平和丰富的业务经验。

| 7.2　组织差异的定编模式 |

定编是开展企业人力资源管理工作的基础工作，它要求根据企业当时的业务方向和规模，在一定的时间内和一定的技术条件下，本着精简机构、节约用人、提高工作效率的原则，规定各类人员必须配备的数量。它所要解决的问题是企业各工作岗位配备什么素质的人员，以及配备多少人员。

企业开展定编工作时，应注意以下几个方面。

■ 必须确保企业有一定的业务规模。

- 必须在企业业务发展方向已定的基础上进行。
- 具有一定的时效性，即有一个发生、发展的过程。
- 不仅要从数量上做好人力资源的配置工作，还要从质量上确定使用人员的标准，从素质结构上实现人力资源的合理配备。

定编与岗位设计是密切相关的，岗位确定过程本身就包括工作量的确定，也就包括对基本的上岗人员数量和素质要求的确定。因此，企业所处的发展阶段不同，定编的目的与效果也不一样。企业发展阶段可分为初创阶段，成长阶段、成熟阶段和跨越阶段，具体内容如图7-1所示。企业的定编管理必须结合企业不同的发展阶段和实际情况开展。

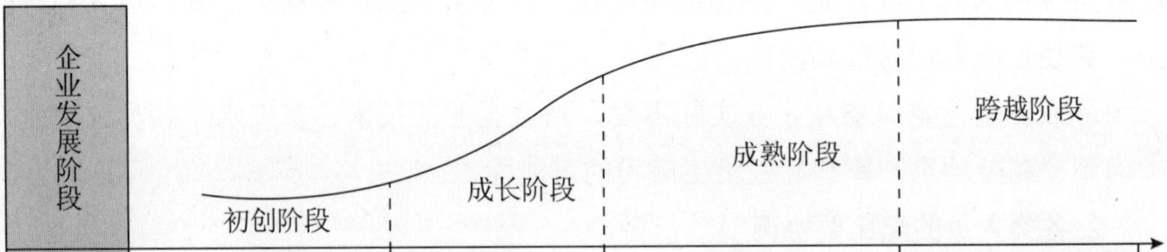

企业发展阶段	初创阶段	成长阶段	成熟阶段	跨越阶段
重点目标	生存	成长	稳定	规范化、持续创新
规范程度	不规范	初步规范	规范化	激发创新活力
组织形式	扁平型	职能型	职能型或事业部型	矩阵结构
授权形式	中央集权	上层集权	有控制或事业部型	有控制的分权
领导风格	家长式	权威指令	分权	分权协作
绩效激励	主观印象	主观印象	规范的考核和激励制度	绩效激励引导创新和发展

图7-1　企业发展阶段

1. 初创阶段

在这个阶段，为促进业务发展，企业人才战略的核心是以"能人"为主导，用"能人"拉动业务发展，使企业尽快度过创业期。同时，建立员工职业发展通道，以业务为主导培养人才。

2. 成长阶段

从初期的"能人"战略逐步转向"能人+培养"战略，加强人才培养，并逐步完善人力资源制度体系、人力资源管理流程。定编管理应做到人才系统性开发，搭建人力资源管理体系、流程，提供人力资源解决方案，支持现有业务和未来业务的发展。

3. 成熟阶段

在这个阶段，企业的发展主要依靠企业的整体实力和规范化的机制，个人在企业中的作用开始下降。由于个人已获得较多收入，因此，老员工创新意识开始下降，企业活力开始衰退，岗位满员，员工晋升困难。此时，定编管理应重视梯队建设和人员优化。

4. 跨越阶段

在这个阶段，企业要在业务跨越的背景下确定人力资源角色定位，以支持业务跨越，逐步建立并完善人力资源业务合作伙伴机制，为业务部门提供专业的人力资源解决方案。此时，定编工作需要结合岗位设置与工作量测算确定岗位的工作饱和度，根据实际工作要求确定岗位职责与在岗人数。

综上所述，企业各发展阶段对应不同的岗位设计，定编管理工作各有侧重，具体如图7-2所示。

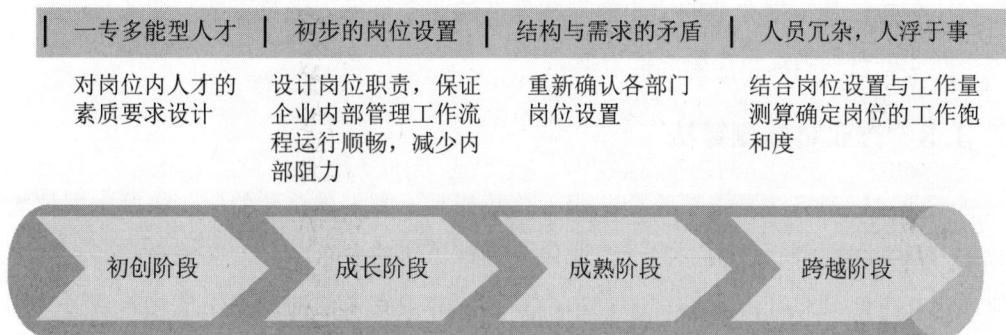

一专多能型人才	初步的岗位设置	结构与需求的矛盾	人员冗杂，人浮于事
对岗位内人才的素质要求设计	设计岗位职责，保证企业内部管理工作流程运行顺畅，减少内部阻力	重新确认各部门岗位设置	结合岗位设置与工作量测算确定岗位的工作饱和度

初创阶段	成长阶段	成熟阶段	跨越阶段

图7-2　企业不同发展阶段的岗位设计

所以，企业管理者一定要明确定编工作在企业人力管理中的重要性，也要结合企业所处的发展阶段，弄清楚定编的要求，将这项工作的价值发挥到最大。

| 7.3　定编管理工作的方法 |

7.3.1　劳动效率定编法

劳动效率定编法是根据工作任务和员工的劳动效率以及出勤等因素来计算岗位人数的方法，即根据工作量和劳动定额来计算员工数量的方法。因此，凡是实行劳动定额的人员，特别是以手工操作为主的岗位，都适合采用这种方法。劳动定额的基本形式有产量定额和时间定额两种，计算公式分别为

定编人数=计划期生产任务总量÷(员工劳动定额×出勤率)

$$定编人数=生产任务×时间定额÷(工作时间×出勤率)$$

例如，某加工车间每人每年需生产零件500 000只，每名员工每天的产量定额为32只，年平均出勤率为98%，则车间员工定编人数=500 000÷[32×(365-2×52-11)×0.98]=64人。

又如，某加工车间每人每年需生产零件500 000只，每只零件的时间定额为0.25小时，年平均出勤率为98%，则车间员工的定编人数=500 000×0.25÷[8×(365-2×52-11)×0.98]=64人。

7.3.2 数据对比分析法

数据对比分析法中的数据包括销售收入、利润、市场占有率、人力成本等。数据对比分析法是根据企业的历史数据和现在的业务目标，将员工数与业务目标数据进行回归分析以确定员工编制的方法。

7.3.3 行业对标测算法

行业对标测算法是指按照企业职工总数或某一类人员总数的比例来确定岗位人数的方法。在一类行业中，由于专业化分工和协作的要求，某一类人员与该行业主要人员之间总是存在一定的比例关系，并且随着主要人员的变化而变化。该方法比较适合各种辅助和支持性岗位定员，其计算公式为

$$M=TR$$

式中：M表示某类人员总数；T表示人员总数；R表示定员比例。

例如，在服务行业，人力资源管理类人员与服务人员总数的比例为1:100，若某餐饮公司服务人员总数为400人，则该公司的人力资源管理类人员的定编人数=400×1/100=4人。

7.3.4 职能职责定编法

这种方法一般是先确定组织机构和各职能科室，先明确各项业务分工及职责范围，再根据业务工作量的大小和复杂程度，结合管理人员和工程技术人员的工作能力和技术水平确定岗位人数。管理人员的定编受很多因素的影响，具体如下所述。

■ 管理人员个人的因素，如本人的能力、下属的能力、受教育程度等。

- 工作因素，如工作的标准化程度和相似程度，工作的复杂程度，下属工作之间的关联程度。
- 环境因素，如技术、地点、组织结构等。

事实上，对于管理人员的定编，没有统一的标准，企业应根据自己的实际情况确定。

7.3.5 成本预算控制法

成本预算控制法是西方企业常用的定编方法。它通过人工成本预算控制在岗人数，而不是对某一部门的某一岗位的具体人数做硬性的规定。部门负责人对本部门的业务目标、岗位设置和员工人数负责，在获得批准的人工成本预算范围内，自行决定各岗位的具体人数。由于企业的资源总是有限的，并与产出密切相关，因此，预算成本对企业各部门人数有严格的约束。

7.3.6 业务流程分析法

业务流程分析法分为三种情况：根据岗位工作量，确定各个岗位单个员工单位时间工作量，如单位时间产品、单位时间处理业务量等；根据业务流程衔接，结合上一步骤的分析结果，确定各岗位编制人员比例；根据企业总的业务目标，确定单位时间流程的总工作量，从而确定各岗位人员编制。例如，每5位客户主管必须配备1名客户经理进行指导、监督、协调和管理。

7.3.7 管理层、专家访谈法

通过管理层访谈，我们可以获取下属员工工作量、流程饱满性、员工编制调整建议等信息，还可以预测下属员工一定期限后的流向，如提升(部门内和跨部门提升)、轮岗、离职(自愿与非自愿)，进而统计各部门一定期限后的员工数目。

通过专家访谈，我们可以获取国内外相关行业各种岗位类型人员的结构信息，包括管理层次和管理幅度等。

综上所述，在实施定编的过程中，企业需要根据总体目标要求，结合现状进行相对合理的编制设定。通常情况下，几种定编方法可混合使用，如图7-3所示。

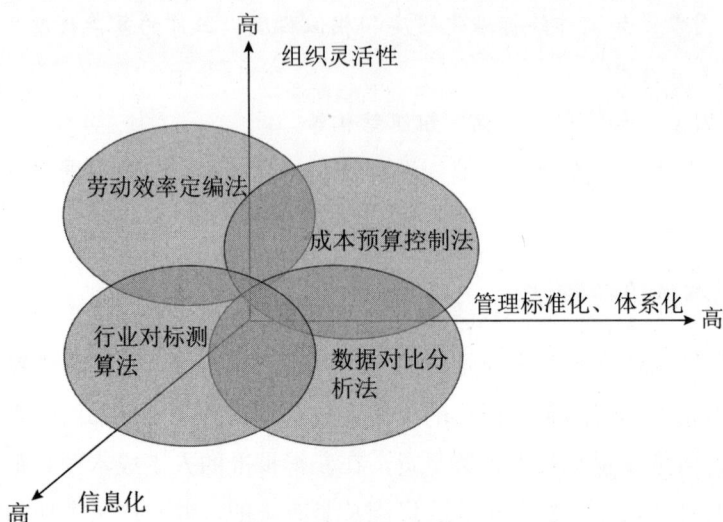

图7-3   三维集中定编方法

7.4   定编工作的流程管理

1. 诠释战略，确定未来HR工作方向

通过对战略的诠释、高层访谈，了解公司的长远战略、盈利模式和年度业务目标、业绩增量指标，从而明确HR工作方向。

2. 对标标杆数据

收集行业数据，分析人均效能；利用标杆对比的方法，结合战略目标和历史数据，设计公司的人均效能目标。

3. 以效能定业务人员的编制

整理公司近5年的市场、财务、人工成本数据，根据相关定编方法，建立公司人均效能目标，再结合战略和经营目标及相关指标来预测人员总数。

4. 以岗位定职能人员编制

依据以上定编方法，结合企业业务目标、创新变革趋势等，确定职能岗位的员工总数。

5. 以管理幅度定管理人员编制

一般设定干部管理幅度为1∶8较为合理。管理幅度低于8人的组织要进行评估和调整，如图7-4所示。

管理幅度 6~8	管理幅度 4~5	管理幅度 3人及以下
关注 定期沟通，跟踪团队实际产出及团队人员发展	**建议调整** 结合岗位及职责特点，若下属人员无明显职能差异，建议调整	**原则取消** 原则上撤销3人及以下组织

图7-4　管理幅度定编方法

6. 确定公司总人数编制

对各类人员的定编进行汇总，形成企业的总编制。

7. 编制的滚动管理

编制确定后，要根据内外部环境的变化、组织与流程的调整优化等，进行滚动管理，以满足企业的实际运行情况。

│7.5　按定编有效配置资源│

7.5.1　能力导向的管理人员配置

1. 人岗关系型

人岗关系型人员配置主要通过人员管理过程中的各个环节来保证组织内各部门、各岗位的人员质量，是根据员工与岗位的对应关系进行人员配置的一种形式。就组织内部来说，目前这种类型的人员配置大体有招聘、轮换、试用、竞争上岗、末位淘汰、双向选择等几种方式。

2. 移动配备型

移动配备型人员配置通过人员相对上下左右的岗位移动来保证组织内的每个岗位人员的质量，是一种根据员工相对岗位移动情况进行人员配置的一种形式。这种人员配置的具体形式有晋升、降职和调动三种。

3. 流动配备型

流动配备型人员配置通过人员相对组织的内外流动来保证组织内每个部门与岗位人员的质量，是一种根据员工相对组织岗位的流动进行人员配置的类型。这种人员配备的具体形式有安置、调整和辞退三种。

4. 个人-岗位动态匹配型

这种人员配置类型结合了以上人员配备类型的优势，以个人与岗位关系为基础，对组织内部人员进行动态合理的优化与配置。

7.5.2　以机定产的生产人员配置

"以机定产"是指在人员充分配置、物料及时供应的情况下，最大限度地提高设备的利用率，进而最大限度地发挥设备产能，即以设备效能确定生产人员配置。

1. 对设备的要求

- 在进行生产线总体设备配置时，要注意各工序设备产能的均衡性。
- 必须使设备保持良好的运行状态。
- 不同的工序，不同的生产要求，应配置不同档次的设备。
- 应合理选择设备性能，既要确保产品质量达到设计要求，又要尽量降低设备成本。
- 对于既可以用设备完成又可以用手工完成的工作，要合理选择生产方式。
- 要确保半成品、材料的供应，使设备不停止运作。
- 要保证设备耗材、配件、刀具、模具的供应。
- 要做好设备工作状况记录及产量统计，正确进行绩效评估。
- 要及时注意设备状态，不断调整设备异动，不断完善设备。
- 设备不断更新换代是追求更高"设备生产能力"的必要前提。

2. 对人员的要求

- 要进行人员的充分配置，特别是辅助工与杂工的配置，以确保设备达到最佳运行状态及最高效率。
- 要不断进行操作人员技能培训，以便有更多、更好的机械操作人员随时进行岗位填充与调整。
- 应加强管理，使每个员工充分认识自己的责任，并具备良好的职业道德。
- 实行严格的人员定编，确保人员数量，并防止造成人员浪费。
- 实行"人员定岗"，明确设备的具体操作要领，以及设备操作人员的工作职责与任务分工，并严格禁止串岗事件的发生；将产量与操作人员工资相结合，并做到奖罚分明。

在各种方法中，按效率定编定员是基本方法。在实践工作中，通常是将各种方法结合起来，参照行业最佳案例来确定本企业的岗位人数编制。由于各企业的情况差别和经营变化，很难有一个"绝对正确、完全适用和一成不变"的编制，编制管理工作主要还是服从于企业的总体目标要求，并在变化中调整，这是个动态的过程。

第 8 章

定员管理技巧方法——
工作效率目标确定人数

8.1 建立人岗匹配的管理机制

"人岗匹配"就是按照"岗配其人""人适其岗"的原则，根据个体间的素质差异将不同的人安排在各自最合适的岗位上，从而做到"人尽其才，才尽其用"的过程。"人岗匹配"一方面对个人的职业发展有莫大的好处，另一方面能最大限度地发挥人才的作用，企业自然会得到相应的回报，从而实现个人和企业的双赢。那么，企业应如何实现"人岗匹配"呢？可从以下3点入手。

1. 知岗：工作分析

"人岗匹配"的起点是知岗，因为只有了解了岗位才能去选择适合岗位的人，才能实现"人岗匹配"。如果脱离了岗位的要求和特点，"人岗匹配"就会成为空谈。这就要求企业做好工作分析。所谓工作分析，就是对某项工作，依据有关内容与责任的资料信息，给予汇集及研究、分析的程序。

2. 知人：能力认证

当我们知道了岗位的特点和要求后，即可进入"人岗匹配"的关键环节——用人。选人的方法有很多，如履历分析、纸笔考试、心理测验、笔迹分析、面试交谈、情境模拟、评价中心技术等。但这些方法都较为片面，目前较好的方法是基于职位的任职资格分析，即通过任职资格明确匹配岗位的人员素质能力要求。

3. 匹配：知人善任

知人善任是实现"人岗匹配"的最后一步，也是能否发现并最大限度地利用员工的优点，把合适的人放在合适的位置，尽量避免人才浪费的关键一步。正如"没有平庸的人，只有平庸的管理"所说，每个人都有自己的特点和特长，知人善任，让下属去做适合他们的事情，才能充分发挥他们的工作潜能，实现人才的有效利用。许多成功的管理者都善于识人，并能把人才放在适当的位置上。

管理者应以每个员工的专长为思考点，安排适当的岗位，并依照员工的优缺点，做机动性的调整，这样才能"岗得其人""人适其岗""人岗匹配"，达到人与岗的统一，让组织团队发挥最大的效能，如图8-1所示。

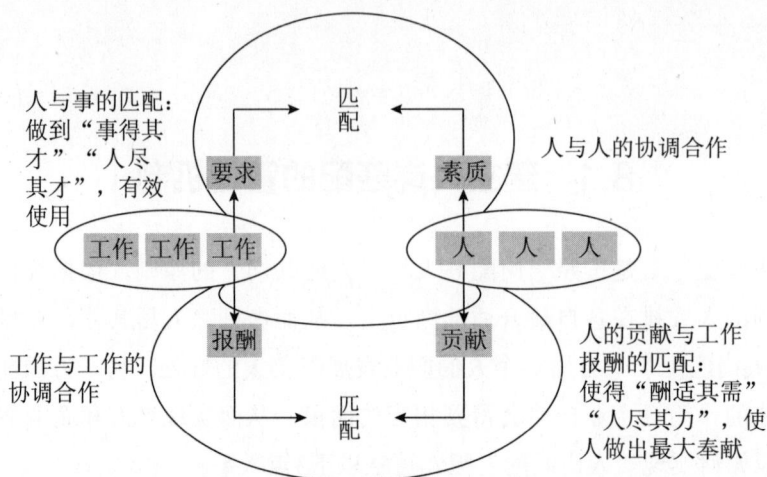

人与事的匹配：
做到"事得其才""人尽其才"，有效使用

人与人的协调合作

工作与工作的协调合作

人的贡献与工作报酬的匹配：使得"酬适其需""人尽其力"，使人做出最大奉献

图8-1　人岗匹配

8.2　建立人才盘点的评价机制

人才盘点也称为全面人才评价，是通过对组织人才的盘点，使人与组织相匹配的过程。人才盘点能明确组织架构与岗位发展的变化、确定员工的能力水平、挖掘员工的潜能，进而将合适的人放在合适的岗位上。

8.2.1　人才盘点的形式

人才盘点有总量盘点、结构盘点和能力盘点3种形式。

1. 总量盘点

总量盘点针对企业各项业务、组织拥有的人力资源总量，按照业务架构的层级逐级向下盘点至最末端的岗位。

2. 结构盘点

结构盘点针对各级组织人力资源结构的匹配性，从多个维度进行横向分系统结构、纵向分层级结构分析，从而明确现有人才的匹配性情况。

3. 能力盘点

能力盘点针对组织及个人，既要盘点某级组织的整体能力情况，又要盘点每一个岗位上员工的能力情况。每个企业都有自己的能力评价体系。

8.2.2　人才盘点的主要内容

人才盘点主要包括盘点组织现状、盘点业绩状况、盘点人才能力、盘点发展方向等内容。

组织现状包括组织架构、岗位需求、人员编制、劳动生产力、组织整体氛围、员工满意度及敬业度等内容。

业绩状况包括业绩量、相对的业绩状况、业绩增长率、业绩排名。

人才能力包括人才的能力结构、人才的能力水平、人岗匹配度、人员的成长性、人员的稳定性。

人才发展方向包括关键岗位的继任计划、高潜人才的培养计划、人员的调整计划。

8.2.3　人才盘点的工作流程

1. 分析组织现状

根据企业的发展战略和市场的竞争状况对组织进行盘点，分析当前的组织架构，从组织战略、组织效率最大化的角度，明确组织架构有哪些不足，并分析组织职责与管理幅度、劳动生产率整体氛围。

2. 人才分层次、分系统盘点

人才盘点应从下到上，一层层逐步展开。企业在组织人才盘点的过程中，应该按照企业人员的管理层次，层层评估员工情况和人才储备情况。

3. 召开盘点会议

当前诸多企业采用人才盘点会议的方式开展人才盘点工作，如通用电气公司(GE)每年都会召开人才盘点的Session C会议，具体流程如图8-2所示。

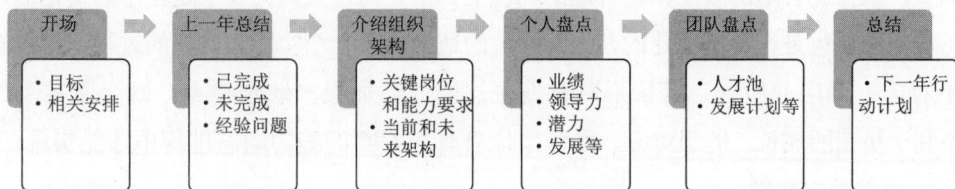

图8-2　GE公司人才盘点会议流程

4. 拟定行动计划

按"5W2H"的方法制订年度行动计划，具体包括奖励计划、晋升计划、轮岗计划、培训计划、外派计划等。

5. 跟踪实施效果

除人力资源部门应进行效果跟踪和评价外，总经理在经营决策等重要会议上，对关键环节也要进行推动和跟进，以保证人才盘点真正落实。

|8.3 人才配置的原则和依据|

8.3.1 人才配置的原则

1. 能级对应原则

合理的人力资源配置应能强化人力资源的整体功能，使人的能力与岗位要求对应。岗位有层次和种类之分，它们占据着不同的位置，处于不同的能级水平；每个人也都具有不同的水平和能力，在纵向上处于不同的能级位置。岗位人员的配置，应做到能级对应，就是说每一个人所具有的能级水平与所处的层次和岗位的能级要对应。

2. 优势定位原则

人的发展受先天素质的影响，更受后天实践的制约。后天形成的能力不仅与个人的努力程度有关，也与实践环境有关，因此人能力的发展是不平衡的，其个性也是多样化的。每个人都有自己的长处和短处，有其总体的能级水准，同时也有自己的专业特长及工作爱好。优势定位原则包括两个方面：一是指员工应根据自己的优势和岗位要求，选择有利于发挥自身优势的岗位；二是指管理者也应据此将员工安置到有利于发挥其优势的岗位上。

3. 动态调节原则

动态调节原则是指当人员或岗位要求发生变化的时候，企业要适时地对人员配备进行调整，以保证合适的人工作在合适的岗位上。由于岗位或岗位要求是在不断变化的，员工自身素质也是在不断变化的，人对岗位的适应也有一个实践与认识的过程，使得能级不对应、"用非所长"等情形时常发生。因此，如果一职定终身，既会影响工作又不利于员工的成长。能级对应、优势定位只有在不断调整的动态过程中才能实现。

4. 内部为主原则

一般来说，企业在使用人才，特别是高级人才时，总觉得人才不足。其实，每个企业都有自己的人才，问题是"千里马常有"，而"伯乐不常有"。因此，企业内部要建立起人才资源开发机制、人才资源激励机制。人才开发机制能给企业内部有能力的员工提供机会与挑战，使员工学习更多、更广、更深入的知识和技能。而人才激励机制能有效保证企业的人才不外流，使员工将个人目标与企业目标统一起来，从而促进企业人员配置良性发展。但是，这并不排斥引入必要的外部人才。

5. 精简有序原则

组织人员配备计划的拟定要以组织需要为依据，以保证经济效益的提高为前提。人员配备既不是盲目地扩大员工队伍，更不是解决就业问题，而是为了保证组织效益的提高，所以，人员配备必须遵循精简有序的原则。科学、合理地确定组织员工的选拔标准和聘任程序是组织聘任优秀人才的重要保证。

8.3.2　人才配置的依据

基于未来，即企业应根据业务发展的目标和发展策略，调高能力标准，配置高层次人才。

基于现在，即企业应根据业务绩效要求和人才盘点现状，配置中基层人才。

| 8.4　定员在HR方面的应用 |

人才从胜岗到不胜岗再到胜岗是一个不断跨越的螺旋上升过程，人才发展的前提是企业的可持续发展。有了事业发展的大舞台，企业才敢放开步伐，大胆招募人才和向新的事业领域投放人才，在大浪淘沙的实战环境中筛选和历练人才。

1. 定员可以帮助组织物色合适的人选

组织各部门是在任务分工的基础上设置的，因而不同的部门有不同的任务和不同的工作性质，必然要求具有不同的知识结构和水平、不同的能力结构和水平的人与之匹配。人员配备的首要任务就是根据岗位工作需要，经过严格的考察和科学的论证，招聘到或培训出组织需要的各类人员。

2. 定员可以促进组织结构功能的有效发挥

将具备不同素质、能力和特长的人员放在适当的岗位上，才能保证人员适应各类职务的性质要求，各职务应承担的职责得到充分履行，从而实现职务安排和设计的目标，进而使组织凝聚各方面力量，保证组织结构的功能得到有效发挥。

3. 定员可以充分开发组织的人力资源

在现代市场经济条件下，组织之间的竞争结果取决于人力资源的开发程度。在人员配备过程中，人才选拔、人才培训可以充分挖掘每个成员的内在潜力，实现人员与工作任务的协调匹配，做到人尽其才、才尽其用，从而使人力资源得到高度开发。

第 9 章

产品工时测量及排班管理——
制造效率确定工时排班

|9.1　工时定额管理相关概念|

1. 标准工时

标准工时是指在标准工作环境下，进行一道加工工序所需的人工时间。标准工时的制定方法有多种，通常情况下，标准工时等于标准作业时间加上辅助时间。

标准作业时间由工艺过程决定，与直接增加产品价值的人工时间和机器时间消耗有主要关系。标准工时的降低只能通过工艺改善和缩短辅助时间来实现。

2. 制度工时

制度工时是指应该出勤的工作天数的时间总和。制度工时主要用于加班时间的计算，一些机构无法实行"标准工时制度"(即每日工作8小时，每周工作40小时)，但员工的平均日工作时间和平均周工作时间应与法定标准工作时间基本相同，超过制度工作日规定的工作小时数即视为加班。

3. 实作工时

实作工时即实际工时，也称实耗工时或实用工时，与"定额工时"相对应。

4. 定额工时

定额工时是按工时定额计算反映的产品产量指标。在机械制造工业中，零部件品种繁多，加工程序复杂，每道工序加工时间长短不同，用价格来计算产量，不仅计算手续烦琐、技术困难、效率低下，也不符合实际。为了便于管理，对各种零部件和产品，一般都根据具体的生产技术、组织条件的不同，分别制定出完成单位零部件或产品在各道工序中的加工工作量所需消耗的工时数，即工时定额，然后按完成的零部件和产品来汇总定额工时，以反映产品产量。

5. 产品工时

产品工时是指在一定的生产技术条件下，为生产单位合格产品或完成一定工作任务的劳动时间消耗。产品工时由增值工时与非增值工时构成。

增值工时是指操作工人手工或使用设备、工具直接改变产品物理的、化学的形态，使其一次性增值所消耗的时间。

非增值工时也称可变工时，是指未改变产品物理的、化学的形态及性能，为执行基本工艺作业而进行的各项辅助操作所消耗的时间。

以汽车生产企业为例，产品工时主要适用于总装车间、油漆车间和车身车间。产品设计直接影响产品的增值工时；工作地布置、工人熟练程度、工位拆分、重复检查等因素则影响产品的非增值工时。不同车间适用的增值工时与非增值工时举例如表9-1所示。

表9-1　不同车间适用的增值工时与非增值工时举例

车间类型	增值工时	非增值工时
总装车间	装件、涂抹玻璃底涂、加注各类油品、刷写	取件、取放工具、拆包装、扫码、看装车单、填写记录、检查、5S、工位有效走动距离
油漆车间	涂胶、手工喷漆、人工喷蜡	预擦净、装拆工装、遮蔽、工位有效走动距离
车身车间	装件、点焊、焊点打磨、涂胶	取件、取放焊枪、焊点检查、凿检、工位有效走动距离

产品工时是精益生产的基础，产品工时测量有如下几点意义。

(1) 提供人工成本和配件价格制定依据。

(2) 提供编制直接生产工人配置的依据。

(3) 提供车间工艺编制标准化作业单。

(4) 评估制造系统的精益生产程度。

9.2　MTM应用操作流程说明

根据研究确定，多数操作可以由几个基本动作组成，因此，通过对某个工位的操作进行录像，将动作流程分解成基本动作，再将这些动作与MTM提供的基本工序标准时值卡对应，可以确定某一个操作所需的时间，进而确定整个工序、工段所需时间，直至计算出产品工时。产品工时的制定方法有很多种，推荐选择MTM。

MTM是"Methods-Time Measurement"的缩写，译为"方法时间测量"。这种方法开发于20世纪40年代的美国，1960年之后，MTM在德国得到了很大发展。随着MTM的不断升级，MTM能够精确地说明动作并加上预定时间工时值，避免了现场测时或统计抽样中的随机性和不确定性，相比其他方法，MTM获得的数据具有更强的一致性，且客观准确。

MTM的应用基础是完成某一确定的工作所需要的时间取决于所应用的方法(也就是说，如果做事的方法确定了，所需要的时间也就可以确定)。MTM是一种借助定义好的过程模块来描述、设计和规划工作系统的工具，凡是必须规划、组织和执行强调人力操作的工作均可广泛应用MTM。

MTM的有效应用，需要进行系统的设计。下面我们以某制造企业的某生产车间为例来介绍MTM操作流程，如图9-1所示。

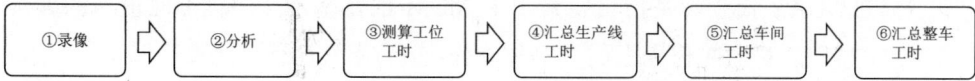

步骤	①录像	②分析	③测算工位工时	④汇总生产线工时	⑤汇总车间工时	⑥汇总整车工时
工作内容及方法	利用摄像机，对生产现场每一个人工工位进行一个周期的摄像	利用影像分析法，对视频中操作者的动作进行分析，制定标准动作要素	参照MTM-UAS基本工序标准时值卡，对标准的动作要素进行编码并计算时间，汇总每一个工位的标准操作时间	根据每一个工位体的标准操作时间，汇总生产线体的产品工时	根据每一条生产线体的产品工时，汇总整个生产车间的产品工时	根据每个生产车间的产品工时，汇总整个工厂的产品工时（车身、油漆、总装，商用车会有车驾）
输出物	操作录像	××车型要素时间测定表		××车间××生产线产品工时定额明细表	××车间产品工时定额明细表	××产品工时定额明细表
注意事项	①选择操作较为熟练的工人，不要选择新员工进行工时测量 ②不要选择设备故障后、午休刚结束等时间节点进行测量 ③测量前可与员工进行充分沟通	将无效或多余动作时间剔除	根据产品工时的定义，识别增值和非增值工时	对转型进行区分		

图9-1　某生产车间MTM操作流程

| 9.3　MTM应用管理具体示例 |

1. 根据工序工时计算，编制分装工序要素时间测定表(见表9-2)

表9-2　某分装工序要素时间测定

项目				车间		工位信息	工段	
				JPH			工位	
				测定人员			测定日期	
序号	工序	要素	MTM-UAS代码	单位时间值(秒)	步行距离(步)	步行距离(米)	数量/频率	时间(秒)
								增值 / 非增值 / 小计
1	××01	××						
2		××021	AB2					
3			HB3					
4	××02	××022	PB1					
5			ZA2					
6		××023	KA					
10	××03	××	××					
合计								

在表9-2中，"要素"指各工序中的各个步骤。如"××02"工序可以分解为××021、××022、××023共3个要素。

"MTM-UAS代码"是指将要素归于MTM-UAS基本工序标准时值卡的编码。如"××023"，对应时值卡上的"身体动作-步行/米"，代码为KA。

"单位时间值(s)"是指基本操作对应的标准时间。如"××023"，在时值表中对应的标准时间为25，即0.9s。

"数量/频率"表示此操作的操作次数或者频率。如共安装4个螺母，"安装螺母"的要素数量/频率为4。

2. 根据线体工时计算，编制分装线产品工时定额明细表

将分装线所有工序工时相加，得到线体工时，编制分装线产品工时定额明细，如表9-3所示。

表9-3 某总装车间分装线产品工时定额明细

生产单元：分装线			时间单位：秒		
序号	工位	工序名称	增值工时	非增值工时	总工时
1	××01L	××××			
2	××01L	××××			
3	××01R	×××			
合计					

3. 根据车间工时计算，编制产品工时定额明细表

将所有线体工时相加，得到产品工时(注意区分车型)，编制产品工时定额明细，如表9-4所示。

表9-4 某总装车间产品工时定额明细

生产单元：总装车间			时间单位：秒		
序号	生产线代码	生产线名称	增值工时	非增值工时	总工时
1	AA	××××线			
2	BB	××××线			
3	FF	××			
合计		(秒)			
		(时)			

9.4 生产车间班次排班管理

标准工时主要取决于机器的性能、操作工对机器的熟练程度，而年工时则与班次管理有关。下面介绍几种常见的班次及排班管理的对比。

1. 班次的种类

1) 一班次

一班次是指每天上班8小时、每周工作5天的班次，也叫标准工时制。这种类型的排班方式相对简单，只有一个班次(白班)，上下班时间可以是8:00—17:00(中午休息1小时)。此种班次安排员工劳动强度低，作息规律；但对于企业来说，设备每天有2/3的时间处于停机状态，设备利用率低，经营成本高。

2) 1.5班次

1.5班次指员工每天上班12小时，即一个白班班次加上0.5个晚班班次，上下班时间可以是8:00—21:00，每周工作5天。这种班次安排虽然产能得到较大释放，但员工加班时间过长。

3) 两班次

两班次也叫两班两运转，有两个班次(白班、夜班)，分别工作12小时，每周工作5天。员工实行倒班制，以减少因长期夜班带来的员工生物钟紊乱、工作质量下降、安全事故频发等情况的发生。此种班次安排员工作息时间周期性颠倒，劳动强度大；但对企业来说，设备得到充分利用，经营成本降低。

4) 三班次

三班次也叫三班倒，主要是在两班次的基础上，为减轻员工劳动强度，将日工作时间调整为8小时，或者每天1人上白班、1人上夜班、1人休息，即三班两运转。此种班次安排员工的作息时间不规律，容易导致员工生物钟紊乱。

为了克服三班次的缺陷，使员工作息时间规律，有的企业采用四班制，每天分为早班、中班、晚班，每班8小时，每天3人上班，1人休息，即四班三运转；或者每天分为白班和夜班，每班12小时，每2人上班1天，次日休息，即四班两运转。

2. 排班管理的对比说明

将各种排班方式的工时进行比较，其对比模板如表9-5所示。

表9-5 不同排班方式的工时对比

序号	班次管理	每班工时	日工时	年工时	人数	年产量工时
1	一班次					
2	1.5班次					
3	两班次					
4	三班次					
5	四班三运转					
6	四班两运转					

生产班次的安排直接影响直产人员定员,理论上讲,两班生产相较于一班生产直产,人员要增加一倍,从制造行业现状及发展趋势来看,当生产任务量达到一定程度并受生产能力限制时,会通过延时作业、增加工作日、增加生产班次来提高生产能力。决定生产班次安排是单班还是双班的重要因素是生产能力和生产任务量。

某汽车厂的生产班次安排如表9-6所示。

表9-6 生产班次安排

项目	1月	2月	3月	4月	5月	6月	7月	8月	9月	10月	11月	12月	合计
销量计划/辆	5 000	4 000	6 000	6 200	7 600	10 200	15 000	—	—	—	—	—	—
最大产能/辆	5 280	4 080	7 800	7 500	7 800	10 560	15 600	—	—	—	—	—	—
生产节拍/JPH	30	30	30	30	30	30	30	—	—	—	—	—	—
生产班次/单/双	单	单	单	单	单	双	双	—	—	—	—	—	—
单班时间/时	8	8	10	10	10	8	10	—	—	—	—	—	—
工作天数/天	22	17	26	25	26	22	26	—	—	—	—	—	—
直产人员数量/人	1 424	1 424	1 424	1 424	1 424	2 848	2 848	—	—	—	—	—	—

表9-6中,5月份销量计划量为7 600辆,生产节拍为30辆/小时,通过调节工作时间和工作天数,工厂月度单班最大产能为7 800辆(单班时间10小时×生产节拍30辆/小时×月工作日26天),可以完成生产任务。

6月份销量计划量为10 200辆,单班生产已不能完成任务,因此需要启动双班生产。工厂月度双班生产最大产能为15 600辆(单班时间10小时×生产节拍30辆/小时×月工作日26天×2班),产量如在大于7 800辆/月小于15 600辆/月的范围内,均可安排双班。通过调节工作时间和工作天数完成生产任务,直产人员数量增加一倍。

第 10 章

构建人力资源规划管理体系——
基于提升人本效能管理体系

人力资源规划管理体系按照规划要素，可以分为八大管理体系，每个要素之间层层衔接、相互呼应，组成人力资源规划管理体系，具体如图10-1所示。

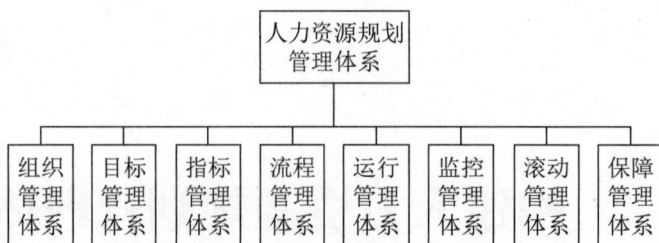

图10-1　人力资源规划管理体系

| 10.1　人力资源规划组织管理体系 |

建立公司人力资源规划组织管理体系是为了保障人力资源规划工作科学有序、规范运作，从而保证人员履行职能职责，进而做出高效决策。人力资源规划组织管理体系的建立应本着分层分级的原则来进行，对各层级分别给予相应的角色定位和工作职责。下面，我们以某集团公司人力资源规划组织管理体系为例来说明。

该公司是一个集团化公司，公司规模大，业务类型多，人员多且结构复杂。为了更好地做好人力资源规划管理工作，该公司制定了人力资源规划组织管理体系，具体如图10-2所示。

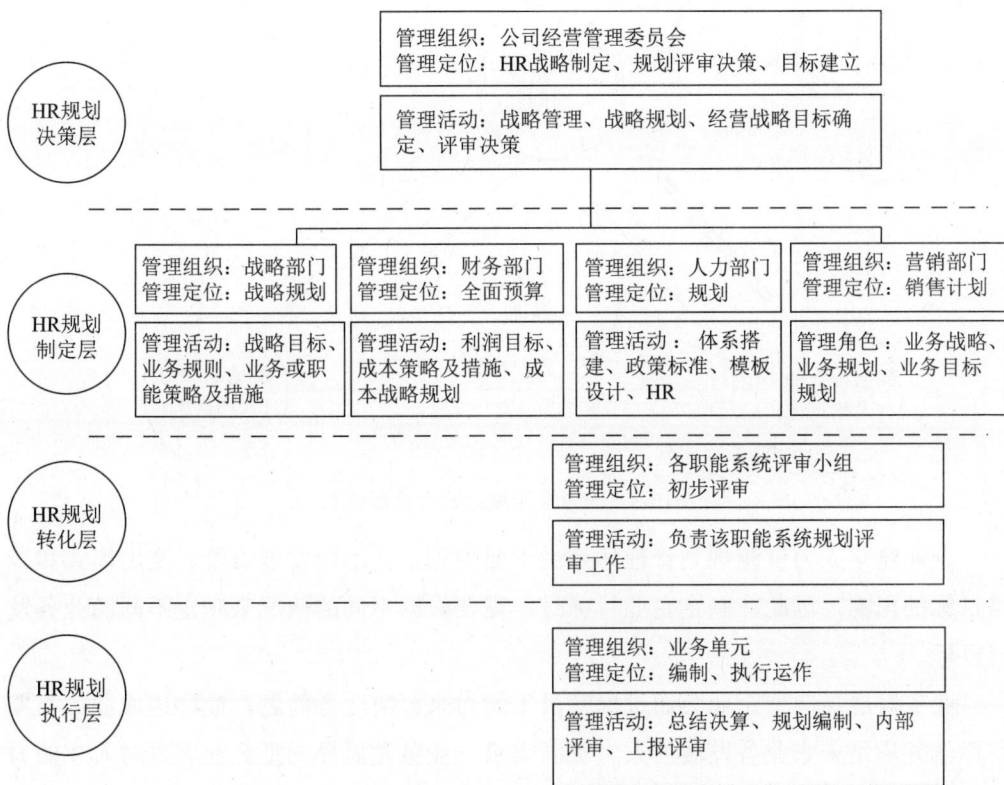

图10-2 某集团公司人力资源规划组织管理体系

10.2 人力资源规划目标管理体系

企业应根据发展战略对人力资源未来一年甚至以后几年的发展要求，按照不同的规划方法来建立人力资源规划目标管理体系。一般来说，企业对人力资源规划的要求，不外乎向上承接企业战略业务发展和利润目标达成，向下助力员工发展及共享发展成果。如何来体现这两个目标？我们可以通过企业创造价值能力、投入产出能力、市场竞争力以及人才发展能力4个维度来分析并预测，以此制定人力资源规划目标，具体可按照四力模型来构建人力资源规划目标管理体系模型，如图10-3所示。

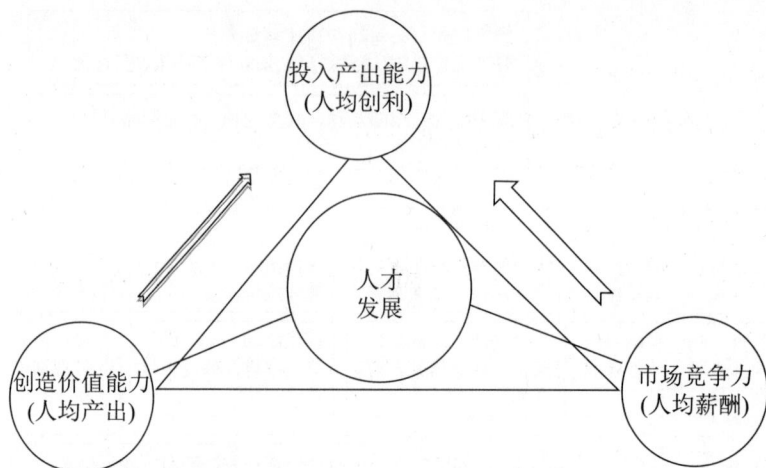

图10-3　人力资源规划四力目标体系

企业建立人力资源规划管理体系由于要受到企业不同发展阶段、商用模式和战略目标的影响，因此在制定企业目标时，需要根据不同的情况来制定不同的业务发展目标。

业务发展导向型企业会通过提升员工能力来解决业务问题，最终达成业务当期目标值并满足未来业务发展的人力资源需求。业务发展导向型企业侧重对人才能力的培养，注重人才发展能力体系建设并推进人才发展的落地措施。

市场竞争导向型企业对外对标标杆单位分析其竞争力，对内对标分析历史最优水平，以此建立效率绩效最佳的目标。所以，市场竞争导向型企业在制定目标时，侧重市场竞争力和企业人力资源运营质量目标、增量绩效目标。

绩效目标导向型企业以绩效目标为核心进行人力资源规划管理，企业更加关注人力资源投入产出和创造价值的能力。

利润目标导向型企业强调利润目标，本着开源节流的原则，追求业务创造利润最大化，据此进行人力资源规划管理。

企业在建立人力资源规划目标时，往往会根据企业发展阶段和战略规划，采用其中一种或几种规划目标的组合，这样才符合企业的实际，做出的人力资源规划才可落地。

| 10.3　人力资源规划指标管理体系 |

人力资源规划指标包括经营结果型指标、承接结果型指标、过程管理型指标和支持型指标。

经营结果型指标是根据集团发展阶段和企业对人力资源发展需求，归纳出反映企业经营结果的评价人力资源管理水平的指标。

承接结果型指标是对企业经营结果指标的分解指标，是直接影响经营结果型指标完成情况的关联指标。

过程管理型指标是承接结果型指标的分解指标，是间接影响经营结果型指标完成情况的指标。

支持型指标是过程管理型指标的分解指标，是影响经营结果型指标的具体细分要素。

经营结果型指标、承接结果型指标、过程管理型指标和支持型指标层层承接，相互支撑。这4类指标体现了层次之间的承接关系，只有把指标进行层次分解、逐层落地，这样的指标体系才有支撑。

人力资源规划指标管理体系如图10-4所示。

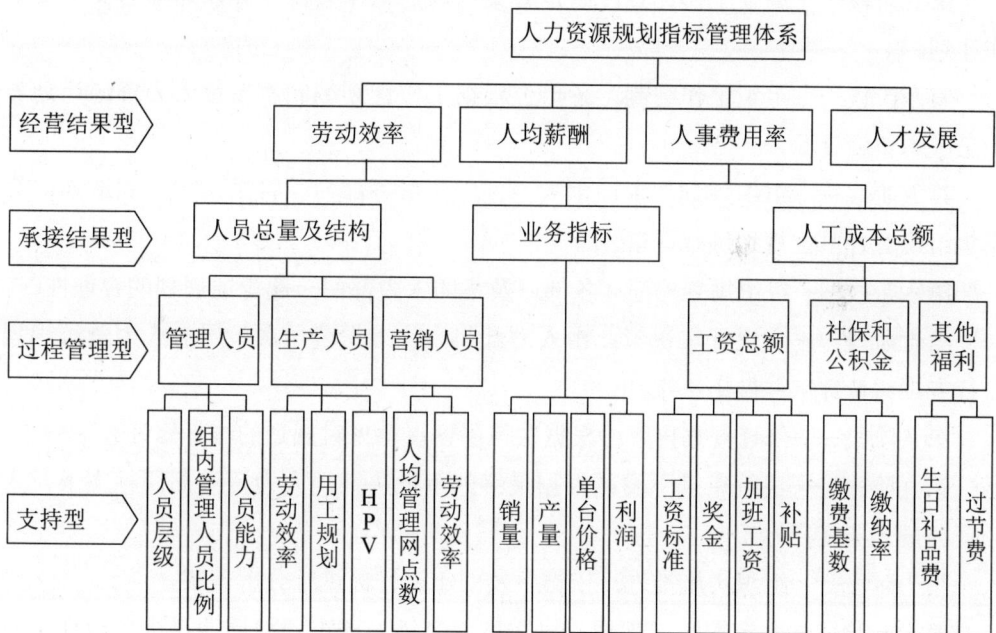

图10-4 人力资源规划指标管理体系

10.4　人力资源规划流程管理体系

人力资源规划流程分为12个步骤，它是以业务为主线，各业务主体自下而上逐级上报、逐级评审、逐级审批的管理体系，如图10-5所示。

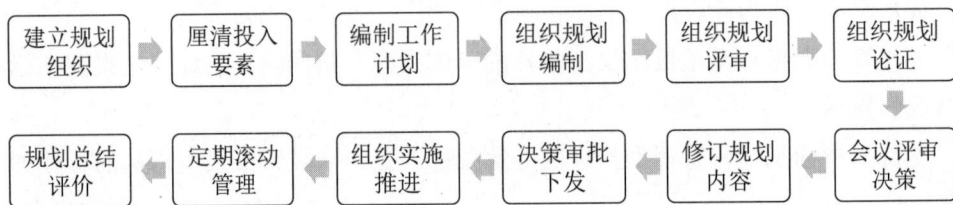

建立规划组织 → 厘清投入要素 → 编制工作计划 → 组织规划编制 → 组织规划评审 → 组织规划论证 ↓ 规划总结评价 ← 定期滚动管理 ← 组织实施推进 ← 决策审批下发 ← 修订规划内容 ← 会议评审决策

图10-5　人力资源规划流程管理体系

第一阶段——建立规划组织：成立规划小组，统筹负责人力资源规划工作。

第二阶段——厘清规划要素：以年度资源配置计划作为主要依据，具体包括经营计划、生产计划、生产组织方式等。

第三阶段——编制工作计划：制定方案以确定工作安排，并以通知名义下发工作计划。

第四阶段——组织工作编制：各单位根据工作计划编制本单位人力资源计划与人工成本年度目标。

第五阶段——组织规划评审：由人力部门、财务部门、营销部门、制造部门等牵头组织对各单位规划进行评审。

第六阶段——组织规划论证：各部门及集团人力部门一起论证规划的合理性。

第七阶段——会议评审决策：由人力部门牵头组织公司决策层对人力资源规划进行专项讨论评审并做出决策。

第八阶段——修订规划内容：根据决策层评审意见对规划的进行修订。

第九阶段——决策审批下发：根据最终的审批决策，人力资源部门行文下发人力资源规划年度目标。

第十阶段——组织实施推进：依据下发的年度目标进行分解落实。

第十一阶段——定期滚动管理：以季度或半年为评审调整周期进行分析评价并实施滚动管理。

第十二阶段——规划总结评价：年终对本年度人力资源规划执行情况进行全方位评审并编制下一年度的人力资源计划。

10.5　人力资源规划运行管理体系

以人力资源规划目标为依据，去评价人力资源规划运行的质量，具体从评价指标、评价周期、评价方法和考核方式这几个维度来进行。同时，针对评价结果，给予评价结论。其中，绿灯代表该指标正常，红灯代表该指标存在问题，黄灯代表该指标需要关注，具体内容如表10-1所示。

表10-1　人力资源规划运行管理体系

评价指标				评价周期	评价方法			考核方式
指标类型	具体指标	指标定义	指标性质		绿灯	黄灯	红灯	
效率指标	人事费用率	人工成本总额÷销售收入×100%	考核指标	月度评价	完成率≥100%	90%≤完成率<100%	完成率<90%	①月度评价作为运行评价分析依据②季度排名分等级进行正负激励③年度评价作为人力系统组织评优依据
效率指标	劳动效率	销量÷月均人数	考核指标	月度评价	完成率≥100%	90%≤完成率<100%	完成率<90%	
人均人工成本		人工成本÷人数	考核指标	年度评价	同比≥100%	—	90%≤完成率<100%	
总量指标	人工成本	人工成本实际÷计划×100%	考核指标	月度评价	完成率≥100%	90%≤完成率<100%	完成率<90%	
总量指标	人员总量	人员实际÷计划×100%	评价指标	月度评价	完成率≥100%	90%≤完成率<100%	完成率<90%	
人才发展指标	招聘计划完成率	实际÷计划×100%	评价指标	月度评价	完成率≥100%	90%≤完成率<100%	完成率<90%	
人才发展指标	培训计划完成率	实际÷计划×100%	评价指标	月度评价	完成率≥100%	90%≤完成率<100%	完成率<90%	

10.6　人力资源规划监控管理体系

通过对人力资源规划目标的实际运行数据进行统计、分析、监控，可看出管理体系是否在允许运行轨迹范围内。监控管理体系通过运行报表来监控人力资源规划的执行情况，通过行业竞争对手的指标对比来监控规划与市场运行的相符性。

监控管理体系具体分为内比监控和外比监控。内比监控用于监控规划过程能否按规划的时间节点达成目标，外比监控用于监控规划过程能否与市场运行轨迹一致以及竞争力水平是否符合预期，具体从以下几个方面来监控。

(1) 定期监控运行数据——建立报表定期监控运行轨迹。

(2) 定期关注差异变化——定期对比分析并关注偏差。

(3) 绩效指标运行评价——对运行结果进行绩效激励。

(4) 分析原因并及时反馈——分析问题、查找原因并进行纠正。

人力资源规划监控管理体系如图10-6所示。

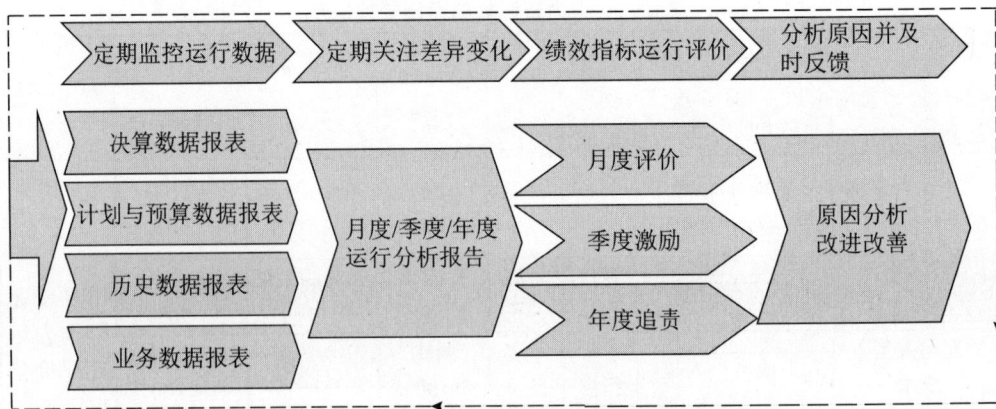

图10-6　人力资源规划监控管理体系

| 10.7　人力资源规划滚动管理体系 |

人力资源规划也要顺势而为，要时刻关注市场及业务运行情况的变化，若业务发生变化，则要重新评估并调整人力资源规划。评估人力资源规划的影响因素包括组织及业务、政策制度、生产组织方式等，企业可据此进行调整，重新规划人力资源相关指标及目标。

10.7.1　组织及业务调整对人力资源规划的影响

1. 分析要素

与组织及业务调整相关的分析要素包括商业模式调整、组织机构调整、业务职能调整、效率指标目标调整、人员调整、人工成本调整、人员补充配置情况以及相应的工作措施等。

2. 分析流程

(1) 战略调整。

(2) 业务调整。

(3) 组织业务调整。

(4) 业务计划调整。

(5) 人员调整。

(6) 效率目标调整。

(7) 总量目标调整。

(8) 人员配置计划。

3. 案例分析表单

1) 分析组织及业务调整

(1) ××单位组织机构调整情况：根据A企业×字〔201×〕××号文件《关于××组织机构调整的通知》的要求，组织调整情况如下(略)，组织结构调整情况详细说明，具体到科室。

(2) 业务职能调整：业务职能的变化情况详细说明，具体到科室。

(3) 组织及业务调整类型：①新增××业务××组织；②优化调整××业务××组织；③××业务划转到××组织。

2) 建立组织及业务调整台账

根据组织及业务调整情况，对组织业务调整文件进行分类，并提取关键信息进行整理，编制企业组织及业务调整管理台账，如表10-2所示。

表10-2 ××××年度组织及业务调整台账

序号	单位	业务调整类型	业务调整详细描述	文件名称	调整日期	人力资源绩效指标调整情况			变动月份
						影响趋势	人员	成本	
1		组织及业务新增	-	×字〔201×〕××号		+	-	-	-
2		组织及业务划转	-	-		+/-	-	-	-
3		组织及业务优化整合	-	-		-	-	-	-
4			-	-		-	-	-	-

3) 人力资源规则绩效指标

根据组织及业务调整情况，分析这些调整对人力资源规则绩效指标的影响情况及趋势，编制人力资源管理指标调整表，如表10-3所示。

表10-3 人力资源管理指标调整

管理指标		单位	年度目标	年度预计	调整目标		
					调整目标	比预计	比年度目标
业务指标	利润	万元				+/-	+/-
	销量	台				+/-	+/-
	收入	万元				+/-	+/-
效率指标	人事费用率	—				+/-	+/-
劳动效率	全员	台/人				+/-	+/-
	管理人员	台/人				+/-	+/-
	营销人员	台/人				+/-	+/-
	生产人员	台/人				+/-	+/-
人均人工成本	全员	万元/人				+/-	+/-
	管理人员	万元/人				+/-	+/-
	营销人员	万元/人				+/-	+/-
	生产人员	万元/人				+/-	+/-
人工成本总额	全员	万元				+/-	+/-
	管理人员	万元				+/-	+/-
	营销人员	万元				+/-	+/-
	生产人员	万元				+/-	+/-
人员总量	全员	人				+/-	+/-
	管理人员	人				+/-	+/-
	营销人员	人				+/-	+/-
	生产人员	人				+/-	+/-

4) 各系统人员计划调整情况

组织及业务调整后,对人员总量及不同类别人员结构和数量的影响及趋势进行分析调整,编制人员计划调整表,如表10-4所示。

表10-4 人员计划调整

人员分类		调整前计划	现员	调整后计划	比现员	比调整前
管理人员	研发系统				+/-	+/-
	工艺系统				+/-	+/-
	IT系统				+/-	+/-
	……				+/-	+/-
	小计				+/-	+/-
生产人员					+/-	+/-
营销人员					+/-	+/-
合计					+/-	+/-

5) 人工成本调整情况

人员调整后，要对人工成本总量及结构进行预算调整。

(1) 人工成本分科目调整情况如表10-5所示。

表10-5　成本分科目调整情况

项目	单位	年度预算目标	本月累计完成	完成比例	调整目标	调整量增减(+/-)
工资总额	万元					+/-
奖金总额	万元					+/-
福利费用	万元					+/-
社保费用	万元					+/-
……	万元					+/-
小计	万元					+/-

(2) 人工成本分人员类别调整情况如表10-6所示。

表10-6　人工成本分人员类别调整情况

人员分类	单位	年度预算目标	本月累计完成	调整目标	调整后	
					与目标差值	增减情况
管理人员	万元					+/-
生产人员	万元					+/-
营销人员	万元					+/-
小计	万元					+/-

6) 人员配置计划

若有新增业务，则要对业务新增带来的人员以及配置方式进行规划，具体如表10-7所示。

表10-7　人员配置计划

序号	科室	岗位名称	工作职责(每个岗位两到三条)	定员计划	计划到位时间	补充渠道
1						
2						
			小计			

若业务优化调减，则要制定冗余人员安置方案，在方案中明确去向，具体如表10-8所示。

表10-8　冗余人员安置

序号	科室	岗位名称	工作职责(每个岗位两到三条)	优化计划	计划优化时间	安置渠道
1						
2						
			小计			

7) 后续工作计划

组织及业务调整后，为保障人力资源及相关管理工作有序进行，通常需要对这些工作编制详细的工作计划，并明确完成时间和责任人，如表10-9所示。

表10-9　后续工作安排

序号	工作项目	工作要求	责任单位	责任人	完成时间	备注
1	定员调整计划	根据公司要求，对××××年初定员进行相应调整				
2	外部招聘调整计划	根据补充配置计划，确定招聘实施计划及到位时间				
3	内部配置调整计划	根据补充配置计划，确定内部配置岗位及内部招聘				
4	……	……				

10.7.2　政策制度调整对人力资源规划的影响

1. 分析要素

与政策制度调整相关的分析要素包括政策调整变化时间、政策调整要点、政策对人力资源及人工成本当前和未来的影响、影响总量及结构情况等。

2. 分析流程

(1) 政策要点解读。

(2) 影响因素分析。

(3) 影响结果预测。

(4) 应对变化措施。

3. 案例分析表单(以2019年养老保险政策调整为例)

1) 政策解读

提前对国家政策变动进行调研，了解政策调整预计时间、涉及地区和方式。

(1) 2019年《国税地税征管体制改革方案》明确指出，自2019年1月1日起社会保险费由税务部门统一征收，要求公司按实际雇佣员工数量和发放薪酬总额缴纳社保，这将导致公司人工成本大幅增加。

(2) 2019年3月5日的政府工作报告在“2019年政府工作任务”中明确提出，下调城镇职工基本养老保险单位缴费比例，各地可降至16%。稳定现行征缴方式，各地在征收体制改革过程中不得采取增加小微企业实际缴费负担的做法，不得自行对历史欠费进行集中清缴。

2) 影响因素分析

此次调整，对目前单位及个人社保和公积金缴纳总量的影响情况分析，如表10-10所示。

表10-10　社保和公积金政策调整对人工成本影响

项目		影响结果	说明
社保费用	缴纳基数	↑	社保基数与纳税基数一致
	缴纳率	↑	如果单位存在违规操作，调整后缴纳人数严格按照100%缴纳
	缴纳比例	↓	缴纳比例下调
	缴纳人数	↑	假设现有人数不变，受缴纳率影响
公积金费用	缴纳基数	↑	社保基数与纳税基数一致
	缴纳率	↑	如果单位存在违规操作，调整后缴纳人数严格按照100%缴纳
	缴纳比例	↑	—
	缴纳人数	↑	假设现有人数不变，受缴纳率影响

3) 影响结果

此次调整后，对各单位不同地区的养老保险的影响额度进行测算，如表10-11所示。

表10-11　××单位养老保险政策调整测算

单位	所属地区	预估调整时间	养老保险缴纳比例	缴纳人数	养老保险预算	统一降到某一比例			降幅		
						降到16%	降到17%	降到18%	降3%	降2%	降1%
单位1	小计										
	北京地区										
	京外地区										
单位2	北京地区										
单位3	小计										
	北京地区										
	京外地区										
……											
合计											

10.7.3　生产组织方式调整对人力资源规划的影响

1.分析要素

与生产组织方式调整相关的分析要素包括业务量计划调整、产能调整、生产组织方式调整。

2. 分析流程

(1) 梳理相关变化因素。

(2) 汇总变化影响因素。

(3) 重新编制调整计划。

3. 案例分析表单

1) 编制生产组织方式调整情况表

对生产计划、产能情况的变化进行对比，找出变化差异，进而分析对人力资源及人工成本产生的影响，编制生产组织方式调整情况表，如表10-12所示。

表10-12　生产组织方式调整情况

单位	指标		单位	××××年生产计划		调整量增减 (+/-)
				调整前	调整后	
单位1	排产计划		台			+/-
	∑JPH计划		台/小时			+/-
	标准产能	作业形态	小时			+/-
		工作日	台			+/-
		年产能	台			+/-
	最大产能	作业形态	小时			+/-
		工作日	台			+/-
		年产能	台			+/-
	缺口	标准产能	台			+/-
		最大产能	台			+/-

2) 编制人员配置计划影响情况表

分析生产组织方式调整情况，相据不同类别人员的变化，编制人员配制计划影响情况表，如表10-13所示。

表10-13　人员配置计划影响情况

人员系统	单位	现员	调整前	调整后	比现员	调整量增减 (+/-)
管理人员	人					+/-
生产人员	人					+/-
营销人员	人					+/-
小计	人					+/-

3) 人工成本调整情况

根据人员调整情况及政策标准，测算对人工成本科目及不同类别人员人工成本的影响情况。

(1) 编制人工成本分科目调整情况表，如表10-14所示。

表10-14　人工成本分科目调整情况

科目	单位	年度预算目标	1—N月完成情况	完成率	调整目标	调整量增减(+/-)
工资	万元					+/-
奖金	万元					+/-
福利	万元					+/-
社保	万元					+/-
……	万元					+/-
小计	万元					+/-

(2) 编制人工成本分人员类别调整情况表，如表10-15所示。

表10-15　人工成本分人员类别调整情况

人员分类	单位	年度预算目标	调整目标	调整量增减(+/-)
管理人员	万元			+/-
生产人员	万元			+/-
营销人员	万元			+/-
合计	万元			+/-

4) 对人力资源绩效管理指标的影响

根据组织业务、人员和人工成本调整情况对人力资源绩效指标进行调整，如表10-16所示。

表10-16　人力资源绩效管理指标调整情况

管理指标		单位	年度目标	年度预计完成	调整目标				
					调整目标	比预计	调整量增减(+/-)	比年度目标	调整量增减(+/-)
业务指标	利润	万元					+/-		+/-
	销量	台					+/-		+/-
	产量	台					+/-		+/-
	收入	万元					+/-		+/-
效率指标	人事费用率	%					+/-		+/-
劳动效率	全员	台/人					+/-		+/-
	管理人员	台/人					+/-		+/-
	营销人员	台/人					+/-		+/-
	生产人员	台/人					+/-		+/-

管理指标		单位	年度目标	年度预计完成	调整目标				
					调整目标	比预计	调整量增减(+/-)	比年度目标	调整量增减(+/-)
人均人工成本	全员	万元/人					+/-		+/-
	管理人员	万元/人					+/-		+/-
	营销人员	万元/人					+/-		+/-
	生产人员	万元/人					+/-.		+/-
人工成本总额	全员	万元					+/-		+/-
	管理人员	万元					+/-		+/-
	营销人员	万元					+/-		+/-
	生产人员	万元					+/-		+/-
人员总量	全员	人					+/-		+/-
	管理人员	人					+/-		+/-
	营销人员	人					+/-		+/-
	生产人员	人					+/-		+/-

10.8　人力资源规划保障管理体系

人力资源规划保障管理体系包括组织保障体系、制度保障体系、队伍保障体系和IT保障体系4个部分。

1. 人力资源规划组织保障体系

人力资源规划组织保障体系包含编制组织体系和评审组织体系，具体内容详见人力资源规划组织管理体系。

2. 人力资源规划制度保障体系

人力资源规划制度保障体系包含外部政策体系和内部制度体系。外部政策体系包含《劳务派遣管理规定》《社会保险法》《劳动工资统计报表制度》等；内部制度体系包含《人力资源规划管理办法》《薪酬福利管理办法》《人员配置原则》《××××年度人力资源规划管控方案》《××××年度人力资源统计管理报表制度》等。

3. 人力资源规划队伍保障体系

人力资源规划队伍保障体系反映的是人力资源规划管理系统的队伍能力建设情况，队伍建设具体包括人员数量及质量两个方面。

4. 人力资源规划IT保障体系

人力资源规划IT保障体系包含SAP系统、ERP系统等业界常见的信息技术平台，这些系统支撑起人力资源规划管理，带动工作效率的提升。

企业内外经营环境分析——
规划路径取决企业环境变化

影响企业经营环境的分析要素很多，本书主要介绍与企业人力资源规划相关的要素，以及这些要素对企业人力资源选、用、育、留及人工成本带来的相关影响，以便企业更好地做出人力资源规划安排。

|11.1 外部经济环境分析内容|

11.1.1 分析要素

分析外部经济环境要素对企业人力资源规划的影响，可从生活保障、收入水平、资源支持这三个维度进行，具体情况如表11-1所示。

表11-1 企业外部环境要素分析

分类	要素	政策	影响方向
生活保障类	CPI (居民消费价格指数)	CPI反映了居民家庭购买的一般消费品和服务项目的价格水平	CPI间接影响员工收入水平、员工流动成本、企业福利方向的投入
	房屋	以北京的购房政策为例： 1. 提供在北京连续满5年纳税证明(指个人所得税)或者在北京连续满5年的缴纳社会保险证明； 2. 有北京合法有效的暂住证； 3. 购房人在北京没有房屋，如果已经结婚，夫妻双方在北京没有房屋； 4. 如果在北京以外的地方贷款买过一套房，符合以上条件都属于在北京再次贷款买房，首付款要60%以上，包括60%，贷款利率上浮60%	购房政策严格，要想获取同样的人力资源，企业需要付出更高的成本投入，间接影响员工收入
	教育	以北京某年某城区小学入学政策为例： 京籍：凡年满6周岁，具有某城区正式常住户口及某城区房屋产权证(监护人持有)的适龄儿童均需参加学龄人口信息采集，免试就近登记入学。 非京籍：①居住要求：本区自有住房或者租房(不得租用地下室、办公用房以及其他不可转租的房屋)；②工作要求：父母双方都在京工作，双方或者一方(或监护人)在本区就业；③社保缴纳：父母双方或一方需缴纳社保；④父母双方需有暂住证且暂住证在有效期内	若京籍人口入学政策放宽，企业获取该类人员容易；若非京籍入学政策加严，企业获取该类人员可能需要付出比其他城市企业更高的成本

分类	要素	政策	影响方向
生活保障类	交通	以北京某年的购买小客车政策为例: 据《北京市小客车数量调控暂行规定》要求,北京开始实施小客车数量调控和配额管理制度,为了缓解机动车保有量增长速度,个人或者单位要想办理车台牌照,必须通过"摇号"程序获得机动车配置指标。摇号资格:京籍人员不用证明,只要名下没车就可以。非京籍人员要求提供如下2个证明,缺一不可:①到上个月为止(2014年3月),连续60个月的社会保险缴费记录(不可中断);②到一年度为止(2013年度),连续5个自然年的个税证明	交通便利,企业获取人力资源容易;交通费用增加,企业获取人力资源需要付出更高的成本
		……	……
收入水平类	属地同行竞争企业员工收入水平	员工实际收入水平 员工福利保障 员工劳动保障 企业用工环境 企业投入与支出	企业收入水平和员工保障处于行业领先水平,则人力资源获取容易;反之,则难
	个人税收政策		
	社保公积金政策		
	社平工资水平		
	……	……	……
资源支持类	劳动力市场供求	劳动力的可获性	劳动力市场供大于求,企业获取该类人才比较容易;反之,则难
	……	……	……

11.1.2 分析流程

(1) 梳理需要分析的要素。

(2) 设计调研分析模板。

(3) 组织实施调研工作。

(4) 形成调研分析报告。

11.1.3 用于分析的工具表单

通过对企业外部经济环境要素进行分析,编制企业外部经济环境分析要素表。

1. 生活保障类

影响企业人力资源规划的生活保障类因素主要有居民消费价格指数(CPI)、购房、子女教育、交通等，这些因素会影响企业所在地的人才吸引力、企业成本支出。例如，CPI的上涨会直接影响员工生活成本，可能会带来员工收入增长的需求，从而增加企业用工成本。各项因素的具体影响如表11-2所示。

表11-2　企业外部经济环境要素分析——生活保障类

因素		对员工的影响			对企业的影响		
分类	具体要素	变动趋势	吸引力	收入与支出	资源获取	成本投入	建议
生活保障类	CPI	↑		↑	—	↑	根据CPI指数变动规律及趋势，调整企业成本投入水平，以满足对人力资源的获取
		↓		↓	—	↓	
	购房	—	↓	↑	难	↑	员工支出成本增加，员工对企业投入成本的要求就会提高，企业需要提升薪酬福利来增强竞争力，从而吸引员工流入
	子女教育	—	↓	↑	难	↑	教育成本增加，企业成本投入相应增加，才能吸引优秀人才流入
	交通	—	↓	↑	难	↑	生活成本增加，企业为吸引人才需提供薪酬支持，从而增加企业人工成本

2. 收入水平类

影响企业人力资源规划的收入水平类因素主要有属地收入水平、个人税收政策、社保公积金缴纳政策、社平工资水平等，这些因素会使企业用工成本刚性增加。例如，社保公积金缴纳政策发生变化，要求缴纳基数同报税收入一致，会削弱一些小企业的用工优势，导致社保费用的刚性增加。各项因素的具体影响如表11-3所示。

表11-3　企业外部经济环境要素分析——收入水平类

因素		对员工的影响			对企业的影响		
分类	要素	变动趋势	吸引力	收入与支出	资源获取	成本投入	建议
收入水平类	属地收入水平	↑	↑	↑	易	↑	属地收入水平一般逐年提升，提升比例接近10%，企业支付员工工资水平需要紧跟属地收入水平
		↓	↓	↓	难	↓	
	个人税收政策	↓	↑	↓	易	↓	紧跟税收政策，2019年执行个人税收扣除政策，缴纳率降低，有利于人才流入，企业和个人缴纳额度减少
		↑	↓	↑	难	↑	
	社保公积金政策　缴纳基数	↑	—	↑	—	↑	社保缴纳基数变动趋势与社平工资一致，一般逐年增加，企业用工成本刚性增加
	缴纳比例	↓	—	↓	—	↓	
	社平工资水平	↑	—	↑	—	↑	
		↓	—	↓	—	↓	

3. 资源支持类

影响企业人力资源规划的资源支持类因素主要有劳动力市场供求、人才供需结构等。这些因素主要对企业可选择的用工总量、结构产生影响，进而对企业用工成本产生影响，具体影响如表11-4所示。

表11-4　企业外部经济环境要素分析——资源支持类

因素			对员工的影响		对企业的影响		
分类	要素	变动趋势	吸引力	收入与支出	资源获取	成本投入	建议
资源支持类	劳动力市场供求	紧缺	↑	↑	难	↑	增加投入，吸引人才
		充足	↓	↓	易	↓	保持业内水平
		平衡	—	—	一般	—	
	人才供需结构	紧缺	↑	↑	难	↑	增加投入，吸引人才
		充足	↓	↓	易	↓	保持业内水平
		平衡	—	—	一般	—	

11.1.4　案例分析

下面以社会平均工资变化对企业人工成本的影响分析为例，来梳理外部经济环境对企业人力资源规划的影响。

1. 整理近几年企业所在城市的社平工资水平，并分析预测其走势

从图11-1可以看出，近几年北京的社平工资一直呈上涨趋势，每年的增幅在10%左右。

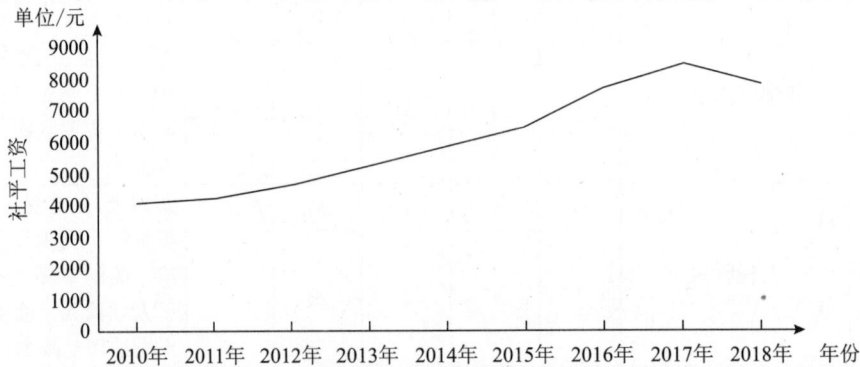

图11-1　北京地区近年来社会平均工资变动情况

2. 分析社平工资对企业人工成本的影响

(1) 社平工资的上涨会导致社保公积金缴纳基数上下限提高，企业即使不调薪也会导致企业人工成本的上升，员工实际收入不升反降。

(2) 社平工资的上涨会导致员工社保缴纳基数的增加，员工当期收入会降低，企业为保持员工收入不降低，必然要给员工调薪涨工资。

社平工资对企业投入成本的影响分析如表11-5所示。

表11-5　社平工资对企业投入成本的影响分析

分析要素		影响结果		对员工的影响		对企业的影响
要素	变动趋势	因素	变动趋势	收入	支出	成本投入
社平工资水平	↑	员工支出	↑	↓	↑	↑
		社保公积金缴纳上下限	↑	↑	—	↑

3. 分析结果

计算出社平工资对下一年度的人工成本影响额度后，要进一步分析人工成本各项构成的相关科目，进行正向测算。社平工资对企业人工成本的影响如表11-6所示。

表11-6　社平工资对企业人工成本的影响

影响科目	单位	N年	N+1年	差值	
				差值	增幅
工资	万元				
社保费用	万元				
公积金费用	万元				

影响科目	单位	N年	N+1年	差值	
				差值	增幅
......	万元				
小计	万元				

| 11.2　外部政策制度分析内容 |

国家、属地的政策会对企业的人力资源规划带来影响，主要体现在两个方面：一是对人力资源选、育、用、留的影响，二是对企业人工成本的影响。如果不进行此方面的分析研究，再好的企业战略规划也可能会因为人员和成本的问题而不能落实。

11.2.1　分析要素

分析外部政策制度对企业人力资源规划的影响，可从劳动法律法规、属地各项用工政策以及人才引进政策等几个维度进行，具体情况如表11-7所示。

表11-7　外部政策制度变化分析要素

影响因素	包含要素
劳动法律法规	《劳动工资统计管理制度》 《社会保险法》 《医疗保障政策》 ......
用工政策	《劳动用工政策》
吸引人才政策	"千人计划" "海聚工程" "上海千人计划" 积分落户政策 ......

11.2.2　分析流程

(1) 梳理需要分析的要素。

(2) 设计调研分析模板。

(3) 组织实施调研工作。

(4) 形成调研分析报告。

11.2.3　用于分析的工具表单

通过对外部政策制度的变化进行分析，从对企业和员工的影响趋势两个维度，编制外部政策制度变化表，如表11-8所示。

表11-8　外部政策制度变化分析

政策制度因素				对员工的影响		对企业的影响	
分类	要素	趋势		吸引力	收入与支出	资源获取	成本投入
劳动法律法规	《社会保险法》	缴纳比例调整	↓	—	↓	—	↓
		缴纳基数调整	↑	—	↑	—	↑
吸引人才政策	千人计划	—	—	↑	—	难	—
	积分落户政策	—	—	↑	—	难	—

11.3　如何选取标杆对标分析

11.3.1　分析原因

市场的生存法则是"快"吃"慢"，"大"吃"小"，"特色"吃"非特色"，所以，"快""大"加"特色"就是市场标杆的特质。一个企业如果不对比分析标杆企业的特色，而是闭门造车，不仅无法超越它们，还会被它们"吃掉"。因此，分析行业的优秀者、新入者是企业保持基业长青、快速赶超的根本。人力资源规划同样如此，企业必须去分析标杆的特色、特点，保持敏锐的前瞻性，并对症下药，方能编制出好的人力资源规划。

11.3.2　分析要素

标杆对标分析通常按照分析维度来分类。

(1) 组织效能类。这个维度的指标包括创造价值的能力、投入产出能力、人才竞争力。

(2) 组织健康指标。这个维度的指标包括人才结构、固定人员占比、固定成本占比、变动成本占比等。

11.3.3　分析流程

(1) 对比业务梳理。

(2) 设计分析模板。

(3) 组织实施调研。

(4) 整理调研资料。

(5) 标杆优劣分析。

(6) 确定规划目标。

11.3.4 用于分析的工具表单

选取标杆单位并结合标杆单位上市公司年报进行调研分析,形成标杆单位调研基础表(见表11-9),为企业对标分析提供数据依据。

表11-9 标杆单位调研基础

标杆单位	组织健康类			组织效能类								
	人员指标			经营指标		成本指标			人均创利	人均人工成本	人事费用率	劳动效率
	人员总量	人员总量均值	管幅	营业收入	利润总额	成本总额	应付职工薪酬	工资				
单位1												
单位2												
单位3												
单位4												
单位5												
……												
行业平均												

11.3.5 案例分析

图11-2是A企业人均薪酬、劳动效率和人事费用率与行业标杆企业的对比情况,通过分析能得出企业组织效能情况。

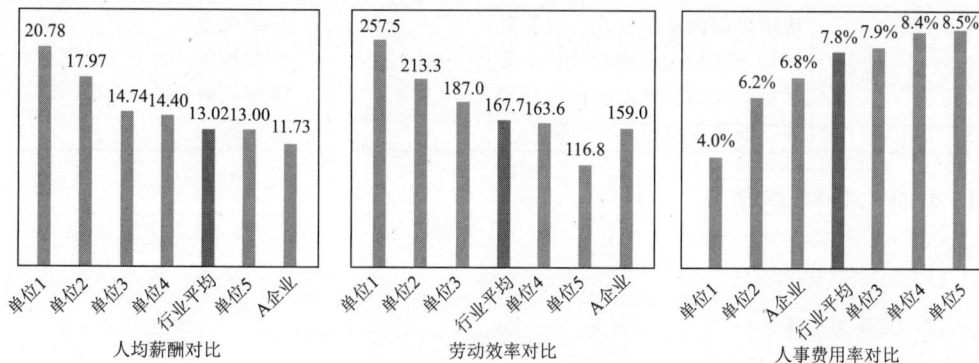

图11-2 A企业对标情况

A企业薪酬投入产出水平处于行业平均水平，人员投入产出水平处于行业最低水平，人均薪酬水平也比较低，企业竞争力差。与行业平均水平相比，A企业员工可能过多，需要优化人员结构及数量，提升人员投入产出率。A企业还需提高人均薪酬水平来提升薪酬竞争力，否则关键核心人才可能会流失。

11.4　企业内部环境分析内涵

企业内部环境分析的目的主要是充分了解企业的战略性业务、方向目标、企业业务发展的里程碑和里程碑的目标设计，以及各阶段的制造资源规划和产品资源、财务资源、人才资源等，这些是人力资源规划的根本内容。

11.4.1　分析要素

分析企业内部环境分析要素对人力资源规划的影响，可从组织经营指标、人力配置计划指标、人工成本预算指标三个维度进行，具体情况如表11-10所示。

表11-10　企业内部环境分析

分类	目的	分析要素
组织经营	根据企业组织及业务调整情况，对企业业务指标进行分析，衡量企业业务发展趋势，进而分析企业发展阶段及战略需求	组织机构 业务流程 利润 收入 产销量 市场占有率
人员配置计划	从人员总量及人员结构、人员能力等方面进行分析，对人员活力及人岗匹配进行评估，透视组织活力	人员总量 人员结构 人员能力 人员规划
人工成本预算	根据组织经营指标及人员配置计划，进行人工成本预算，并对企业效率和效能指标进行预算，衡量企业投入产出能力	薪酬水平 缴费基数 缴纳比例 加班时间

11.4.2　分析流程

(1) 梳理内部变化。

(2) 设计分析模板。

(3) 整理分析资料。

(4) 编制分析报告。

11.4.3 案例分析

企业内部环境分析应基于现状、着眼未来，下面以组织及业务调整变化为例进行分析。

1. 整理组织及业务调整情况

组织及业务调整一般分为新增业务、整合业务、划转业务三种类型。组织及业务调整情况如表11-11所示。

表11-11　组织及业务调整情况

序号	单位	业务调整类型	业务调整	文件名称	调整日期
		新增业务			
		整合业务			
		划转业务			
		……			

2. 差异分析

根据业务调整类型，确定人员及人工成本预算调整情况，测算对人力资源绩效指标的影响情况，并进行相应调整。组织及业务调整对人力资源规划的影响如表11-12所示。

表11-12　组织及业务调整对人力资源规划的影响

序号	单位	业务调整类型	业务调整	文件名称	调整日期	人力资源绩效指标调整情况			变动月份
						效率指标	人员	成本	

| 11.5　企业经营环境分析报告 |

综上，对企业内外经营环境要素进行分析汇总，挖掘数据背后的原因及意义，更大限度地提高经营环境要素分析的有效性，为经营管理者做出决策提供依据，持续优化组织效能和人力资本效能，助力企业价值提升。

企业经营环境分析因素汇总表如表11-13所示。

表11-13　企业经营环境分析因素汇总

分析维度	分类	分析要素	直接影响因素					
			人员总量及结构		薪酬总额			
			固定人员	变动人员	工资	社保公积金	福利费用	其他
经济环境要素	生活保障类	CPI			✓		✓	✓
	收入水平类	属地最低工资			✓	✓		✓
		属地社平工资			✓	✓		✓
	资源支持类	劳动力市场供求水平	✓	✓				
		人才供需缺口	✓	✓				
政策制度变化	国家政策、属地政策	《社会保险法》				✓		
	区域经济的发展不平衡	人力资源的供给当前已出现严重的结构性失衡	✓	✓	✓			
	外来资本的大量涌入	劳动力资源大量流向经济发达地区，人力资源成本不断提高	✓	✓	✓			
标杆对标分析	组织效能类	创造价值能力	✓	✓				
		投入产出能力			✓	✓	✓	✓
		薪酬竞争力			✓			✓
	组织健康类	管理人员比例	✓	✓	✓		✓	
		人员流动率						
		主动离职率						
		人员流失率						
		员工敬业度						
		员工满意度	✓	✓	✓	✓	✓	✓
		员工平均服务年限						
		高绩效员工留任率						
		员工年龄/岗位/职级分布						
内部环境要素	组织经营	组织结构	✓	✓	✓	✓	✓	✓
		业务流程	✓	✓				
		市场供给	✓					
		产量/销量/利润		✓				
		单台价格			✓			
		生产组织方式/区域规划	✓	✓	✓		✓	
		营销模式/营销网点	✓	✓				

分析维度	分类	分析要素	直接影响因素					
			人员总量及结构		薪酬总额			
			固定人员	变动人员	工资	社保公积金	福利费用	其他
内部环境要素	人员配置计划	人员总量及结构			√	√	√	
		管理人员比例	√		√	√	√	
		人员能力	√		√	√	√	
		用工规划		√		√	√	
	人工成本预算	薪酬水平			√			
		缴费基数				√		
		缴纳率				√		
		缴纳比例				√		
		加班时间		√	√			

11.6 案例：人力资源战略分析报告

人力资源战略规划投入分析模型由企业战略、业务战略导入，以最佳的战略性成本投入为目标，来进行系统规划，对"商业模式—人力资源—成本"三个维度的相关要素进行可行性分析，从而形成最优方案。具体的分析模型如图11-3所示。

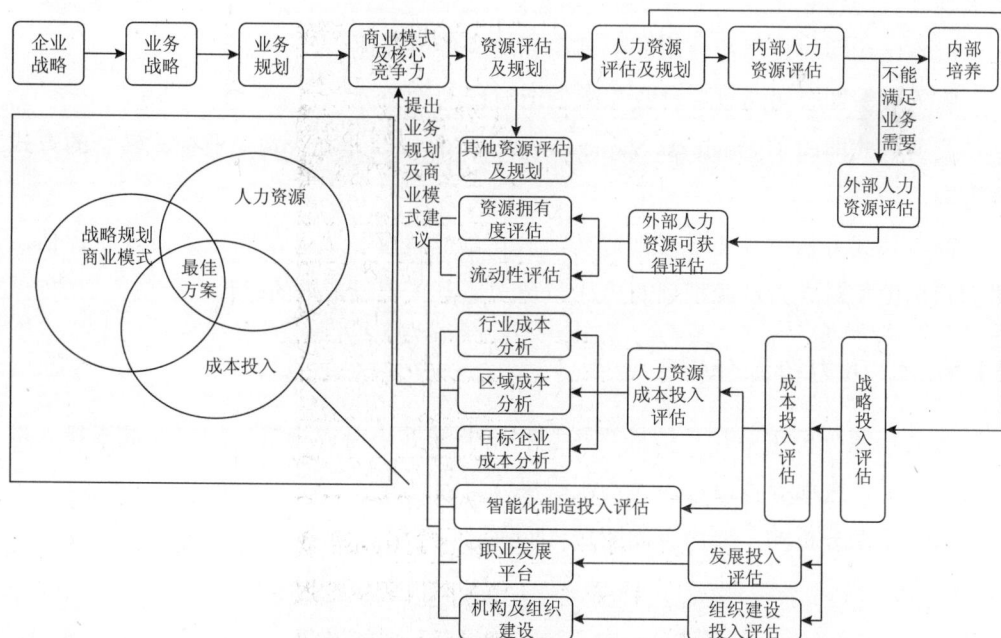

图11-3 人力资源战略投入规划分析模型

第11章 企业内外经营环境分析——规划路径取决企业环境变化   113

11.6.1　商业模式分析

商业模式是指企业与企业之间、企业与部门之间，乃至企业与顾客之间、与渠道之间存在的各种各样的交易关系和连接方式。商业模式包含多个要素，有价值主张、消费者目标群体、分销渠道、客户关系、价值配置、核心能力、价值链、成本结构、收入模型和裂变模式等。一个好的商业模式至少包含上述前7个要素。

价值主张即公司通过其产品和服务所能向消费者提供的价值。价值主张确认了公司对消费者的实用意义。

消费者目标群体即公司瞄准的消费者群体。这些群体具有某些共性，从而使公司能够(针对这些共性)创造价值。定义消费者群体的过程也被称为市场划分。

分销渠道即公司用来接触消费者的各种途径。这里阐述了公司如何开拓市场，它涉及公司的市场和分销策略。

客户关系即公司同其消费者群体之间所建立的联系，我们所说的客户关系管理就与此相关。

价值配置即资源和活动的配置。

核心能力即公司执行其商业模式所需的能力和应具备的资格。

价值链是指为了向客户提供产品和服务的价值，相互之间具有关联性、支持性的活动。

成本结构即对公司所使用的工具和方法的货币描述。

收入模型即公司通过各种收入来创造财富的途径。

裂变模式即BNC(Business Name Consumer)模式，是指公司商业模式转变的方式与方向。

商业模式分析关注市场发展趋势、公司战略诠释、人才战略规划及现状评估，进而得出公司对人力资源规划的挑战，是立足现在着眼未来的过程。

11.6.2　人力资源分析

人力资源分析主要是承接战略规划和商业模式，对人力资源战略及成本投入进行分析评估，进而寻找最佳人力资源解决方案的过程。

人力资源分析的主要内容如图11-4所示。

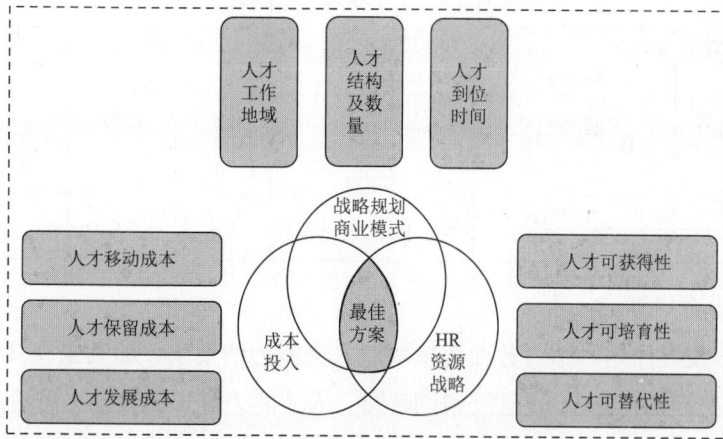

图11-4　人力资源分析的主要内容

人力资源分析主要分为三个维度，即人力资源需求评估、内部人力资源评估和外部人力资源评估。

1. 人力资源需求评估

人力资源需求评估通过业务规划对人力资源的匹配性需求，确定人力资源总量及结构规划、能力建设规划，最终输出人力资源配置计划。

1) 业务规划对人力资源匹配性需求规划

基于业务规划和组织建设规划，确定业务发展对人力资源需求规划，具体包含人员到位时间、总量、结构及人才配置策略，汇总业务计划需求情况，如表11-14所示。

表11-14　业务计划需求情况

核心业务		能力需求	研发	工程	……	业务需求方案	人力资源需求规划
			按照到位时间划分： ●第一阶段 ○第二阶段				
业务1	职责1	……	●	●	○	……	人才总量 人才结构 人才策略
	职责2	……	○	○	●	……	……
	……	……	●	●	○	……	……
……		……					

2) 人员总量规划

根据业务规划目标及职责情况，编制未来几年人力资源总量规划，如表11-15所示。

表11-15　人力资源总量规划

核心业务		N年	$N+1$年	......
业务1	职责1	......		
	职责2	......		
		......		
	......	......		
......	......	......		
小计				

3) 人员能力规划

根据业务发展计划，结合各业务模块对人员能力的要求，编制未来几年人才能力发展计划，包括人员层次、数量及到位时间。人才能力需求如表11-16所示。

表11-16　人才能力需求

核心业务		能力要求	人才层次	人员数量	到位时间
××业务	××模块	××能力	1级及以下		
			2级		
			3级		
			......		
	××模块	××能力			
......	......	......	......	......	......

4) 人员配置计划

根据业务发展里程碑，综合得出人员配置情况，包括每个业务人员规划及到位时间安排。需要注意的是，在人才筹备期间，相关的部门领导应兼职过渡，并同步进行招聘；优先招聘关键岗位人员，不断完善配置计划并进行滚动管理。人员配置计划需求如表11-17所示。

表11-17　人员配置计划需求

业务	人员规划	人员到位时间安排		
		1月	2月	......
业务1				
业务2				
......				
小计				

2. 内部人力资源评估

内部人力资源评估是以业务规划为输入，以人力资源摸排基础信息表为基准，结合现有人力资源的总量分布、结构分布和能力分布情况，找出现有人力资源与人力资源定位之间的差异。

1) 内部人力资源摸排

内部人力资源摸排需要从人才背景、人才品德、人才绩效、人才前后任信息等方面进行，建立人才信息库，对于可流动或可获取的优秀人才及可流动或可获取的良好人才需要重点关注。内部人力资源摸排基础信息如表11-18所示。

表11-18　内部人力资源摸排基础信息

序号	姓名	性别	年龄	学历	专业	所在企业	所在部门	职位	层级	目前职责	工作履历	稳定性
1												
2												
……												

2) 现有人力资源分布情况

内部人才信息评估从人员总量、人员结构和人员能力三个维度进行综合盘点。现有人力资源分布情况如表11-19所示。

表11-19　现有人力资源分布情况

业务规划定位	定位			内部人员现状评估									差异		
	总量	结构	能力	人员总量			人员结构			人员能力		差异			
				商品运营	产品创造	……	商品运营	产品创造	……	商品运营	……	总量	结构	能力
				地区	……	地区	……		地区	……	地区	……	地区	……			
……															
……															
……															

3) 现有人力资源与业务需求间的差异

对不同地区、不同系统的各层次人员胜任情况进行评估后，总结现有人员的能力与业务需求间的差异，如表11-20所示。

表11-20　现有人力资源与业务需求间的差异

人员层次		单位1/系统1/区域1				单位2/系统2/区域2				单位……/系统……/区域……			
		总量匹配度		胜任力达标度	综合评价	总量匹配度		胜任力达标度	综合评价	总量匹配度		胜任力达标度	综合评价
		数量差异	差异占比			数量差异	差异占比			数量差异	差异占比		
管理人员	1级												
	2级												
	……												
技术人员	1级及以下												
	2级												
	……												
	……												

3. 外部人力资源评估

外部人力资源评估从人力资源可获得性的角度进行分析评估，具体从行业及区域信息摸排、重点企业及人员信息摸排、领军人才信息摸排等维度进行。

1) 行业及区域信息摸排

根据关键业务定位摸排行业，对整个行业的市场规模、发展前景、企业情况、人力资源状况进行分析和预估，对该行业内各企业的区位分布进行盘点，同时对该行业的主流企业进行基本信息研究，综合市场信息对各企业进行实力排名，为确定目标企业提供依据。行业及区域信息摸排情况如表11-21所示。

表11-21　行业及区域信息摸排情况

标杆企业	企业排名	企业基本情况				核心业务	地点
		企业性质	注册资金	资产规模	……		
企业a							××
企业b							××
企业c							××
……						……	……

2) 重点企业及人员信息摸排

根据行业摸排情况和企业排名结果，选择行业数一数二的顶级企业进行重点调研，调研的内容主要包括企业的组织架构、职位架构，并输出各关键业务的人才数据和人才定位信息。重点企业及人员信息摸排情况如表11-22所示。

表11-22　重点企业及人员信息摸排情况

企业名称	层次		研发			营销			……		
			NVH	电子电器	……	市场规划	营销一线	……	……	……	……
×	经营层(总经理)	人数									
		姓名									
×	管理层(总监)	人数									
×		姓名									
×	执行层(中基层)	人数									
×		姓名									
	其他人才	人数									

3) 领军人才信息摸排

通过对顶级标杆企业的信息调研，对各标杆企业的职位和人才分布情况有了初步的了解，接下来需从人才背景、人才品德、人才绩效、人才前后任信息等方面对重点职位的领军人才进行摸排，建立领军人才信息库，对于可流动或可获取的优秀人才及可流动或可获取的良好人才需要重点关注，剩余人才可直接剔除。领军人才信息摸排情况如表11-23所示。

表11-23　领军人才摸排情况

序号	姓名	性别	年龄	学历	专业	所在企业	所在部门	职位	层级	目前职责	工作履历	稳定性
1												
2												
3												
…												

最后，通过对不同行业和不同地区的人才分布情况进行调研，总结各行业、各地区人才聚集情况，结合各地区、各行业的人才流动情况，预计各行业、各地区人才的可获得性，为人才引进提供选择依据。外部人力资源可获得性评估如表11-24所示。

表11-24　外部人力资源可获得性评估

人力资源可获得评估		北京				……				
		制造业		……		制造业		……		
		产品创造	商品运营	……	……	产品创造	商品运营	……	……	
		研发	……	质量	……	研发	……	质量	……	
人员总量	管理人员									
	营销人员									
	……									
人员结构	L1级									
	L2									
	L3									
	……									
人员稳定性	管理人员									
	营销人员									
	……									
综合结论	管理人员									
	营销人员									
	……									

11.6.3　成本分析

成本分析是对各类各层次人员的成本进行分析及对获取人员成本进行预测的过程。

1. 成本现状分析

横向分析不同地区分科目成本情况，纵向分析不同层级成本情况，对企业不同层级人员现有成本分布情况进行分析。成本现状分析如表11-25所示。

表11-25　成本现状分析

人员层次	××地区				××地区				差异情况	
	工资	社保公积金	其他	成本总额	工资	社保公积金	其他	成本总额	差额	差幅
1级										
2级										
3级										
……										

以人均人工成本为评估指标，横向分析不同地区、不同系统的人均人工成本情况，纵向分析不同类别、不同层次的人均人工成本情况，便于企业对外部人才投入对标分析提供依据。人均人工成本现状分析如表11-26所示。

表11-26　人均人工成本现状分析

人员层次		单位1/地区1			单位……/地区……		
		产品创造	商品运营	……	产品创造	商品运营	……
		研发	……	质量	……	……	研发	……	质量	……	……
管理人员	L1							
	L2							
	……							
生产人员	……							
营销人员	……							

2. 成本投入分析

成本投入分析是对人工成本、生活及教育成本及目标企业成本进行综合分析，以确定企业获取所需人才需要付出的成本情况。

1) 人工成本投入分析

从行业、区域两个维度进行成本投入分析，主要分析人工成本，评估各行业、各地区的成本投入情况，寻找各行业人才获取的最优成本地区。人工成本投入分析如表11-27所示。

　　　上承战略　下接数据——人力资源规划从入门到精通

表11-27　人工成本投入分析

地区	业务1							......	
	人工成本					社平工资	人工成本	......
	小计	工资	社保	公积金	其他			
地区1								
地区2								
地区3								
......								

2) 生活及教育成本分析

从行业、区域两个维度进行成本投入分析，主要分析属地政策、生活教育成本，评估各行业、各地区的成本投入情况，寻找各行业人才获取的最优成本地区。生活及教育成本投入分析如表11-28所示。

表11-28　生活及教育成本投入分析

地区	业务1							......
	生活及教育成本						生活教育成本	
	消费水平	住房		教育支出		出行		
		政策限制	成本	政策	成本	政策	成本	
地区1								
地区2								
地区3								
......								

3) 目标企业成本分析

分析目标企业的人工成本、招聘成本，比较集团现有的人工成本政策和招聘政策，确定业务的成本竞争力情况。目标企业成本投入分析如表11-29所示。

表11-29　目标企业投入成本分析

目标企业			业务1								招聘成本	人工成本	招聘成本	......
			人工成本											
			小计	报酬			福利	社保	......					
				工资	补贴	奖金								
××公司	地区1	企业1												
		企业2												
		......												
	地区2	企业1												
		企业2												
		......												
	......	企业1												
		企业2												
		......												

以成本总量为评估指标，横向分析不同地区、不同行业的成本总量情况，纵向分析不同类别、不同层次以及目标企业的成本情况，以评估成本投入的最优区域。区域成本投入综合分析如表11-30所示。

表11-30　成本投入综合分析(区域)

成本投入评估		地区				……			
		互联网	金融	制造	……	互联网	金融	制造	……
成本总量	管理人员								
	营销人员								
	……								
目标企业成本	管理人员								
	营销人员								
	……								

根据人才获取方式，对企业未来需求的人才以及企业获取这些人才的成本进行评估预测。获取方式的成本投入综合分析如表11-31所示。

表11-31　成本投入综合分析(获取方式)

人才获取方式		成本投入分析							
人才获取方式	人才策略	移动成本			保留成本	发展成本			
		内部现状	行业水平	引进成本		培养目标	培养方式	培养周期	培养成本
人才获得	方案一：内部属地存量补充								
	方案二：内部异地调动补充								
	方案三：外部人才聚集地录用								
	方案四：外部异地人才录用								
人才培育	方案五：内部属地人才培养补充								
	方案六：内部异地人才培养补充								
	方案七：外部属地人才培养补充								
	方案八：外部异地人才培养补充								
人才替代	方案九：信息化、机械化等智能设备代替人工								
	方案十：体系设计、工艺设计等设计改进简化人工								

第 *12* 章

人力资源盘点最佳方法——
评估资源用好现有存量

人力资源盘点是人力资源规划的必要环节，通过盘点我们可以对年度人力资源规划运行情况、人员总量及结构、成本现状有一个系统的评价，为制定下一年人力资源规划提供参考和依据。如果存量资源不能满足需要，我们就要重新审视甚至修改人力资源规划，以此来保障规划的可实现性。那么，人力资源盘点有哪些内容呢？

| 12.1　人力资源盘点要素体系 |

人力资源盘点可以从人力资源现状评估(总量、结构、能力)、成本现状评估、政策制度评估三个方面进行，如图12-1所示。这些要素从不同的侧面反映出人力资源管理的科学性和合理性，通过对这些指标的变化趋势进行分析，为下一年度人力资源规划提供编制参考，从而提高人力资源规划与业务发展目标的匹配性。

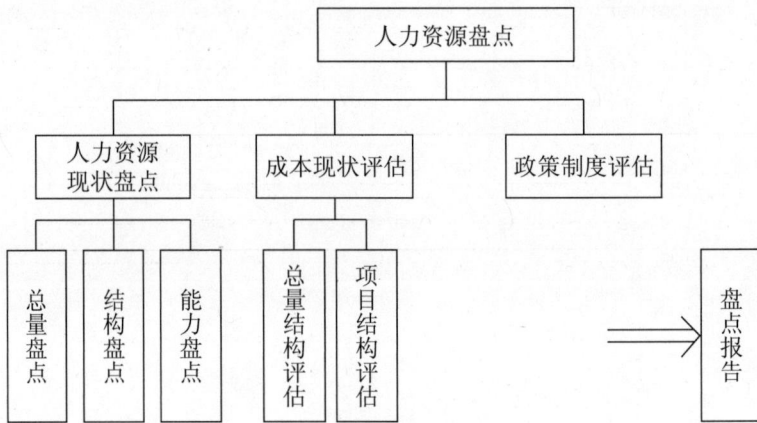

图 12-1　人力资源盘点要素分析

| 12.2　人力资源现状如何盘点 |

12.2.1　人力资源总量如何盘点

人力资源总量盘点是对人力资源现有的人员数量进行清点，再与规划数量进行对比，盘点出人员的缺失或冗余的过程。总量盘点分为不同单位盘点、不同职类层级的人员盘点和不同地区盘点等多个维度，如表12-1所示。

(1) 不同单位盘点是对不同部门的人员规划与配置情况进行盘点，以此来评判现有人员数量是否与业务发展需求相一致。

(2) 不同职类层级的人员盘点是对公司不同类别的人员拥有量进行盘点，比如管理人员、专业技术人员、技能人员、营销人员等。通过对不同职类层级人员的盘点，分析各类人员配置是否满足要求以及成本差异。

(3) 不同地区盘点是对公司不同区域的人员数量进行盘点，主要盘点不同地区人员的数量情况及成本高低。

人力资源总量盘点的结果往往与规划有差异，产生差异的原因主要有人员未配置到位、人员流失、人员内部流动或阶段性不在岗等。

表12-1　人员总量盘点分析

单位	层级	地区	人数			差异原因分析			
			规划人数	现员	差异	人员未配置到位	人员流失	人员内部流动	……
单位1	管理人员	地区1							
		地区2							
		……							
	小计								
	专业技术人员	……							
		……							
	……	……							
……	……	……							
	合计								

12.2.2　人力资源结构如何盘点

人力资源结构盘点是对现有员工的能力素质结构和人才数量结构进行盘点。

1. 能力素质结构盘点

能力素质结构盘点是对员工年龄、工龄、学历等进行评估，主要分析员工的年龄结构、学历分布等。

(1) 年龄结构盘点是为了全面了解员工年龄分布情况，为企业后续人员培养提供依据，如表12-2所示。

表12-2　年龄结构与层级盘点

年龄层次	层级1		层级2		层级3		......		结论	
	人数	占比	人数	占比	人数	占比	人数	占比	合理	不合理
"60后"										
"70后"										
"80后"										
"90后"										
"95后"										
合计										

(2) 学历结构盘点是为了全面了解员工的学历结构情况，为现在的员工教育、未来的人员招聘提供依据，如表12-3所示。

表12-3　学历结构与层级盘点

层级	总计	学历									结论	
		硕士及以上			本科			专科及以下			合理	不合理
		人数	占比		人数	占比		人数	占比			
			横向	纵向		横向	纵向		横向	纵向		
层级1												
层级2												
......												
合计												

2. 人才数量结构

人才数量结构盘点是对引进的人才分类，如分为关键核心人才、骨干人才和一般人员，并对他们进行总量及结构盘点，如表12-4所示。

表12-4　人才数量结构与层级匹配情况

人才结构	层级1		层级2		层级3		......		结论	
	人数	占比	人数	占比	人数	占比	人数	占比	合理	不合理
关键核心人才										
骨干人才										
一般人员										
合计										

通过人力资源结构盘点，企业可以发现不同层级的人力资源是否存在年龄结构、工龄结构、学历结构的不合理性，各职类之间人才盈余，核心骨干人员不足等问题，如表12-5所示，从而有针对性地加以改进。

表12-5 人才结构匹配性综合盘点

评估维度		人才结构 综合评估结果			评价标准		
层级	分类	单位1	单位2	……	绿灯(●)	黄灯(▲)	红灯(×)
层级1	年龄				年龄分布结构符合度为78%及以上	年龄分布结构符合度66%~78%	年龄分布结构符合度为66%以下
	学历				本科及以上占比74%以上	本科及以上占比64%~74%	本科及以上占比64%以下
	核心骨干				核心骨干占比20%以上	核心骨干占比10%~20%	核心骨干占比10%以下
层级2	年龄						
	学历						
	核心骨干						
……	……						

12.2.3 人力资源能力如何盘点

人力资源能力盘点主要从人力资源素质层次性、能力匹配性和能力发展性三个维度来分析。

1.人力资源素质层次性盘点

通过评估不同系统人员(如研发、质量等)与层级的匹配性(层级1、层级2),人力资源部门了解各系统人员标准配置和现有配置的差异,进而了解企业专业人才的拥有情况,如表12-6所示。

表12-6 人力资源素质层次性评估

专业能力		影响业务价值提升的关键要素评价					
		研发	质量	生产	工艺	营销	……
层级1	标准						
	实际						
	差异						
层级2	标准						
	实际						
	差异						
……	……						
综合评价	标准						
	实际						
	差异						
结论	合理						
	不合理						

2. 人力资源能力匹配性盘点

将人力资源的专业能力、职位能力素质要求等级等与在职人员的素质能力进行对比评估，人力资源部门从业务或个人自评、职能或上级评价两个维度进行对比评估，进而综合分析人岗匹配度，如表12-7所示。

表12-7　人力资源与业务目标匹配性评估

业务	影响战略实现的要素							
	研发				……			
	现有人数	人才匹配度		影响排序	现有人数	人才匹配度		影响排序
		业务自评	职能评价			业务自评	职能评价	
层级1								
层级2								
……								
综合评价								
结论 合理								
结论 不合理								

3. 人力资源能力发展性盘点

人力资源部门通过对现有的人才与未来的战略需求进行评估，分析人才现状、储备情况、发展情况以及培训能力情况，统筹现有及未来可能拥有的人才情况，进而分析与未来战略发展需求人才之间的差距，如表12-8所示。

表12-8　重点人力资源战略发展方向评估

业务类型	国际化业务			IT			……		
	已有	培养中	无	已有	培养中	无	已有	培养中	无
总量现状									
结构现状									
人才储备情况									
人才发展方面									
培训能力情况									
……									
结论 合理									
结论 不合理									

需要注意的是，人力资源能力盘点不仅仅是对现有人力资源拥有情况进行评估，更重要的是对人力资源未来的发展潜力、发展能力进行判断，并能根据这一判断结果制定人力资源发展策略。

12.3 人工成本现状如何评估

12.3.1 人工成本总量结构评估

对人工成本总量评估主要分地区、层次、业务三个维度来进行，如表12-9所示。

(1) 在地区这个维度，我们主要评估不同地区的社会平均工资、消费水平、员工收入水平等。

(2) 在层次这个维度，我们主要对不同层级人员，如经理级、主管级、工程师等人员的成本水平进行分析评估。

(3) 在业务这个维度，我们主要评估因公司业务、人才市场薪酬水平、业务工资水平、效率水平、地区水平不同所造成的人工成本差异。

表12-9 不同地区、层次、业务人工成本评估

人员类别	人员层次	单位1/地区1				单位1/地区2			……		
		业务1	业务2	业务3	……	业务1	业务2	……	业务1	业务2	……
管理人员	层级1										
	层级2										
	……										
	小计										
营销人员	层级1										
	层级2										
	……										
	小计										
……											
综合评价	层级1										
	层级2										
	……										
	小计										
结论	合理										
	不合理										

12.3.2 人工成本项目结构评估

人工成本项目结构评估即对人工成本的项目情况进行分析评估，具体包括工资

收入、补贴、奖金等项目，如表12-10所示。

表12-10　人工成本项目结构评估

单位	地区	人员类别	人均人工成本/万元/人	人工成本分科目/万元			
				合计	工资	加班费	……
单位1	地区1	管理人员					
	地区2	生产人员					
	……	营销人员					
	小计						
单位2	地区1	管理人员					
	地区2	生产人员					
	……	营销人员					
	小计						
……	……	……					
合计							
结论	合理						
	不合理						

通过评估人工成本现状，人力资源部门能掌握企业不同地区、层次、业务成本结构的情况，并能根据不同分类，参考对标企业，掌握企业在行业中的人工成本水平，从而找出差距和原因，最终为企业提供人工成本规划依据，实现人工成本投入产出最大化。

12.4　政策制度的保障性盘点

及时掌握企业属地的政策制度是做好人力资源规划的关键要素之一，只有符合政策制度的人力资源规划才合规可行。人力资源规划内部政策制度有三类，即管理制度、标准文件和实施方案，具体内容如表12-11所示。

表12-11　人力资源规划相关内部政策制度清单

	内容
管理制度	人力资源计划与预算管理办法
	人工成本管理办法、工资支付管理办法、福利费管理办法
标准文件	薪酬结构及标准
	薪酬预算编制模板
实施方案	人力资源计划与预算管理原则、加强人工成本预算管理方案、人工成本预算管控跟踪表

第 13 章

职能业务人力资源规划——
管理效能确定人员规划

13.1 如何分析业务

一般来说，职能业务的人力资源规划一般都要从业务分析入手。所谓业务是指对企业开展的一系列经营活动的归纳概括，它回答了以下问题：为了实现组织目标应该做哪些工作，应该如何开展工作，基于业务类型、业务量大小应如何配置人力资源？

按照不同的标准，业务分类有以下几种，具体如表13-1所示。

表13-1　业务分类

分类标准	子种类
管理范围	经营管理业务、党委业务
管理层级	高层业务、中层业务、基层业务
管理过程	决策、计划、组织、控制、执行等
管理职能	研发、采购、质量、生产、营销、财务等
业务性质	经营性业务、专业性业务、服务支持性业务
重要程度	主要业务、次要业务
归属关系	基本业务、衍生业务

业务分析是为了梳理出保证目标达成的决定性业务，把各项业务从上至下逐一分解，层层支撑，划分为一项一项独立的、可操作的、单独的业务活动，使各项业务能够有效落地与执行，如图13-1所示。业务分析有三个步骤：明确所需业务，明确业务与业务之间的关系，业务逐级分解。

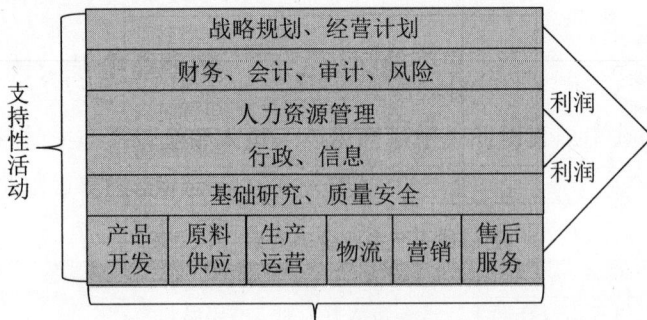

图13-1　业务系统分析

| 13.2　如何分析岗位职责 |

分析岗位职责是基于对战略目标与现状的比较，分析岗位的价值及工作任务，并按照岗位设计原则，提出优化建议。

岗位设计原则如表13-2所示。

表13-2　岗位设计原则

设计原则	详细内容
管理分工明晰原则	明晰岗位上下左右各业务的输入输出关系
专业分工原则	将知识与市场经验的积累相结合，对岗位职能进行分析，使岗位成为职能职责的最小独立单元
价值最优原则	减少不同岗位的横向协调工作，通过岗位关系分析和工作定量分析、工时分析优化岗位，以降低人工成本，使投入产出达到最佳
分工明确原则	明确各岗位分工，明晰各岗位职能职责，以发挥最大企业效能
明确任务原则	列出各岗位的工作任务指标及目标

了解岗位设计原则后，应如何开展岗位分析呢？具体包括如下步骤。

(1) 需求分析。对原有情况进行调查诊断，了解各岗位的职能。

(2) 研究评估。分析、诊断、调查岗位的基本特征，并进行横向对标比较。

(3) 方案制定。制定新岗位工作内容，包括工作广度、工作深度、工作完整性、工作自主性、工作反馈性、工作协调配合等方面。

(4) 评价推广。评价员工的态度与反应、绩效结果、成本与收益等方面。

| 13.3　如何分析流程价值 |

业务流程价值分析是指按照环境要求、客户满意、资源约束等原则，对某项流程进行分解，评价业务流程成本、业务流程效率、业务流程质量、客户满意度等，并根据当前需求调整现有流程，如图13-2所示，具体包括如下步骤。

(1) 流程现状调研与评估。对业务流程现状进行调研、访谈、分析。

(2) 流程问题诊断。对管理问题深入分析，并提出解决方案，最终形成流程诊断报告。

(3) 流程优化执行。对流程诊断报告进行修正并执行。

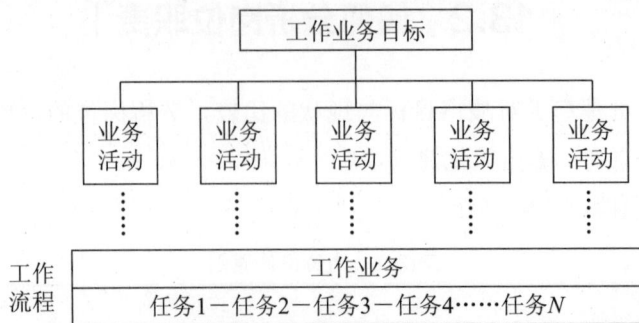

图13-2 工作业务流程分析

| 13.4 如何分析任务量 |

企业应根据职能职责和工作任务量，重新审视并优化各项职能，如表13-3所示。

表13-3 工作任务量分析

职能名称	职能说明	新增/调整/撤销	岗位规划	归属部门
产品品类规划	对公司及门店商品品类进行总体规划与设置 对各品类的业绩及利润做出预算建议……	新增、调整	增加××岗 调整××岗 ……	××部
……	……	……	……	……
……	……	……	……	……

| 13.5 如何进行定岗定编 |

首先，基于对战略目标与现状的比较，分析人才规划实现的程度，并提出未来的优化建议，如表13-4所示。

表13-4 定岗定编分析

关键岗位		数量			质量		
岗位名称	所属部门	需求预测	当前人数	数量缺口	所需具备的任职资格	所需具备的能力	任职资格能力短板
××岗位	××岗位	××人	××人	××人	学历： 专业： 工作经验： 从业年限：	××能力 ……	从业经验不足缺乏××能力 ……

上承战略 下接数据——人力资源规划从入门到精通 |

其次，基于现状与人才规划的差异，进一步分析人才配置方式，得出人才配置情况，如表13-5所示。

表13-5　人才配置情况

序号	部门	科室	岗位名称	人员层次	现员	定员	人员补充渠道			计划到位时间
							小计	外聘	内聘	
1										
2										
3										
......										
	合计									

13.6　案例：职能业务工作日写实

某企业针对某部门管理效率不高、人浮于事，而部门领导却天天强调人力资源不足的现状，决定制订计划，对该部门进行工作任务写实。

13.6.1　工作日写实完成情况

企业根据工作日写实方案开展工作日写实后，得到如下结果，如表13-6所示。

表13-6　工作写实结果

姓名	工作写实时间								完成天数
	2019.11.1	......	2019.11.11	2019.11.12	2019.11.13	2019.11.14	......	2019.11.29	
N1	√	√	√	出差			√	√	
N2	√	√	√	√	出差		√	√	
N3	√	√	√	出差			√	√	
N4	√	√	年假		出差		√	√	
N5	√	√	√	√	请假		√	√	
N6	√	√	√	请年假			√	√	
N7	√	√	√	√	√		√	√	
N8	√	√	√	出差		√	公司培训		
N9	请假	√	出差						
......	√	√	探亲假						
合计									

写实分析：2019年11月正常工作日共计××天，××部工作写实天数达到21天的有××人，17～19天的有××人，……，5天以下的有2人。影响工作写实开展的主要原因有出差(人次、天数)、请假、外出培训。

13.6.2 各岗位不同工作种类的分布结构

××部门开展工作日写实中，将人员承担的工作活动划分为四大类，分别是公司级项目、部门级项目、岗位职能职责及临时性工作。为了尽量准确地反映岗位实际工作的构成种类，对××名员工进行抽样调查，对员工每天承担的工作按照类别逐一汇总，并统计每个岗位工作种类构成的月度平均值，统计结果如表13-7所示。

表13-7　岗位时间分配

序号	姓名	统计天数	日工作时间合计/小时	公司级项目		部门级项目		岗位职能职责		临时性工作	
				时间	占比	时间	占比	时间	占比	时间	占比
1	N1	17	8.8	0.5	5%	1.1	12%	6	67%	1.4	15%
2	N2	17	8.2	0	0%	3.2	39%	5	61%	0	0%
3	N3	17	8.8	0.6	7%	0.3	3%	3.3	38%	4.5	52%
4	N4	13	8	0	0%	1.4	17%	6.6	83%	0	0%
……	……	……	……	……	……	……	……	……	……	……	……

由表13-7可以看出，每位员工花费在四类工作上的工时数有很大差异。在前三名员工中，N1花费在"岗位职能职责"工作上的工时最多，日均6个小时，占其日工作时间的67%。

13.6.3 各岗位日工作时间和工作内容分析

为深入研究××部门的实际工作情况，人力资源部结合员工提交的工作写实记录，对全部岗位的工作时间和内容进行了梳理，总体情况如下所述。

(1) 就工作时间而言，××部整体加班较少，大部分员工在大多数工作日能够准时下班。部分加班员工，加班时间为1～2小时，最晚至20:00，无加班至深夜现象。

(2) 就工作内容而言，人力资源部对每一个岗位进行了月度工作总述和工作分类摘要，并对该岗位的月度工作特点进行了简要评价。

13.6.4 ××部门日常工作存在问题分析

根据××部门全部岗位的工作内容写实结果，人力资源部结合××部门岗位职责及月度提报的项目计划等材料，总结该部门存在如下问题。

(1) 部门工作更多围绕公司或部门级项目开展，项目总量较小。从部长到普通科员都围绕项目开展工作，如召开各种沟通会议、撰写报告或材料、评审报告或材料、向领导汇报等，岗位职能职责的开展不够充分，部分岗位职能职责没有完全开展。

(2) 部门会议较多，基本每天一次，每次会议时间为0.5～3小时，涉及的人员或为部长级人员或为全体人员。此外，××业务部还有本部门的晨会和夕会，每天至少耗时40分钟。

(3) 工作量分布不均，对新员工的工作引导和业务能力的培养有待改善。工作经验较丰富的老员工承担了大部分核心工作，而新员工的工作负荷普遍较低，每天处理较为简单的基础性工作以及部门内的各类杂事。

(4) 部分员工工作不够饱和，工作效率较低。例如，员工N1在某项例行工作上耗费大量时间，具体情况如表13-8所示。

表13-8　某员工工作效率评估

姓名	日期	时段	工作事项	时长
N1	×月×日	8:30—10:30	×月份的员工绩效合约考评	2小时
		10:00—12:00	×月份的员工绩效合约计划	2小时
	×月×日	10:00—12:00	×月份的员工绩效合约计划	2小时
	×月×日	10:00—12:00	×月份的员工绩效合约计划	2小时
	×月×日	8:30—11:00	下属个人绩效合约输出物模板制作	2.5小时
备注：该部门有2名科员				

(5) 部分员工工作任务不明确，在临时性工作上耗费大量时间，以员工N2为例，具体情况如表13-9所示。

表13-9　某员工临时性工作时间耗费情况

姓名	日期	时段	工作事项	时长
N2	×月×日	11:00—12:00	外部资料收集	1小时
		13:00—16:30	外部资料收集	3.5小时
	×月×日	11:00—12:00	外部资料收集	1小时
	×月×日	10:30—12:00	外部资料收集	1.5小时
		13:30—17:00	外部资料收集	3.5小时
	×月×日	10:20—11:00	外部资料收集	0.8小时
		13:00—16:30	外部资料收集	3.5小时
	×月×日	09:30—12:00	外部资料收集	2.5小时
		13:00—16:00	外部资料收集	3小时
	×月×日	10:20—12:00	外部资料收集	1.8小时
		13:30—16:30	外部资料收集	3小时
	×月×日	15:00—16:30	外部资料收集	1.5小时

(6) 个别员工在工作时间处理私人事务或与业务不强相关的事情，以员工N1为例，具体情况如表13-10所示。

表13-10　业务不强相关时间分配情况

姓名	日期	序号	时段	工作事项	时长
N1	×月×日	1	8:20—9:00	浏览OA系统邮件	40分钟
		2	9:00—10:30	编写部门内部培训课件《……》	1.5小时
		3	10:30—12:00	研究学习《……》	1.5小时
		4	12:00—13:30	午餐、休息	1.5小时
		5	13:30—16:30	英语学习	3小时
		6	16:30—17:00	工作日志写实	30分钟
	×月×日	1	8:20—9:30	浏览OA邮件、文件	70分钟
		2	9:30—12:00	学习《……》	2.5小时
		3	12:00—13:00	午餐、休息	1小时
		4	13:00—14:30	学习《……》	1.5小时
		5	14:30—16:50	英语学习	2小时20分钟
		6	16:50—17:00	工作日志写实	10分钟

基于以上资料，对该部门岗位职责进行汇总分析，如表13-11、表13-12、表13-13所示。

表13-11　××部门岗位职能职责

部门		岗位	岗位职能职责	人员
××部门	经理层	经理	负责部门全面工作	N1
		副经理	协助部长负责部门全面工作	N2
	部门1	经理	负责规划与管理部全面工作	N3
		副经理	协助部长负责分销规划与管理部全面工作	……
		分销规划与审计	1. 分销战略研究与规划 2. 分销模式研究与规划设计 3. ……	……
		分销渠道激励设计与评价	1. 经销商业务结构与盈利模式研究 2. 经销商资本规模与投资背景研究 3. ……	……
		……	……	……
……		……	……	……

表13-12 ××部××年××月项目完成情况

序号	项目名称	项目出处	项目内容	输出物	项目目标	责任单位	责任人	验收人	完成时间	完成情况
一级项目										
1										
2										
……										
二级项目										
1										
2										
……										

表13-13 工作写实记录

写实对象	邹海勇	岗位	××部门部长	日期	2019-11-21	写实人	N1
序号	时段	工作事项		工作属性		时长	备注
1	8:20—8:40	……		岗位职能职责		20分钟	
2	8:40—9:00	……		公司级项目		20分钟	
3	9:00—9:15	……		临时性工作		15分钟	
4	9:17—10:30	……		……		……	
5	10:40—10:55	……		……		……	
6	……	……		……		……	

直管领导：　　　　　　　　　　　　　　　　部门领导：

备注：

1. 工作事项：对工作任务、工作程序、工作方法、工作职责、工作权限等方面进行简明扼要的记录；

2. 工作属性：从公司级项目、部门级项目、岗位职能职责、临时性工作4个属性中选择1个；

3. 时长：完成该项工作所耗费的时间

第 *14* 章

营销人员人力资源规划——
市场效率确定人员规划

| 14.1　营销人员管理模式 |

　　某公司营销业务采取两级管理模式，即"营销总公司+下属单位营销分公司"的两级管理模式。营销总公司作为集团级营销后台组织，功能定位为业务型，是集团营销业务的战略管理中心、创新中心、能力中心、业务支持中心，垂直管理各下属单位营销分公司，且战略管理与过程管理并重。各下属单位营销分公司作为营销前台组织，按照各子品牌业务特点，相对独立、平行运营，同时向营销总公司及本单位一把手汇报工作。各营销分公司根据地域将业务划分为若干区域，区域设置大区或中心，各大区或中心平行、独立运营。

| 14.2　营销人员分类及特点 |

　　根据工作内容及分工，营销人员可分为管理技术人员、辅助人员及营销业务人员。其中，管理技术人员是指从事市场与品牌管理、分销管理、销售管理、服务管理、配件管理、海外营销管理的人员；辅助人员是指从事辅助服务的人员，如司机、配件调度员、开票员等；营销业务人员是指直接从事销售、服务、营销工作及提供销售支持性业务管理的人员，如表14-1所示。本章内容主要聚焦营销业务人员。

表14-1　营销人员分类

分类	具体分类
管理技术人员	市场与品牌管理人员
	分销管理人员
	销售管理人员
	服务管理人员
	配件管理人员
	海外营销管理人员
辅助人员	具体辅助人员
营销业务人员	国内销售及服务支持人员
	海外销售及服务支持人员
	国内销售一线人员
	国内服务一线人员
营销业务人员	金融营销一线人员
	海外营销一线人员

根据职位定位与职能的不同，营销业务人员分为销售作业和销售支持两类人员。

(1) 销售作业类。销售作业类人员是指直接面对经销商或客户开展销售工作，达成销售任务的人员。根据销售渠道的不同，销售作业类人员可分为分销经理和直销经理。

(2) 销售支持类。销售支持类人员是指配合销售作业人员，协调职能部门，为销售提供后台技术、产品等支持，共同达成区域销量目标的人员。销售支持类岗位受区域线和职能线双向管理。

根据销售渠道的不同，营销模式可分为分销、直销、互联网营销，不同的销售模式对营销业务人员的素质能力要求也会有所差异，如表14-2所示。

表14-2　营销业务人员特点

模式	定义	人才特点
分销	厂家通过在各区域建立并管理经销商实现销售	具备较强的市场与客户分析、渠道开发、活动策划、沟通协作、体系建设、团队管理方面能力
直销	厂家绕过传统批发商或零售通路，直接接收顾客订单并实现销售	具备较强的资源与信息获取能力、订单抓取能力、有效判断及商务谈判能力
互联网营销	厂家借助互联网平台，利用网络手段实现销售	具备较强的客户关系管理能力，能够有效沟通、引导消费者的购买行为

| 14.3　营销人力资源规划 |

14.3.1　营销人力资源规划原则

1. 符合整体规划原则

业务单位每年度总体定员规划要根据整体业务规模及计划进行，定员数量与业务规模成正比。

2. 效率提升原则

营销业务人员整体配置按照效率提升的原则进行规划，在确保年度销量稳步提升的前提下规划营销业务人员总量。

3. 与市场终端组织相匹配原则

营销业务人员配置同样要考虑市场终端组织设置、市场容量、渠道开发情况、经销商运营情况。

4. 符合职能与业务需求原则

人员规划的终极目标是促进职能的履行及业务目标的达成，所以人员规划也要综合职能与业务两方面来看，以促进人员规划终极目标的达成。

14.3.2　明确业务目标及一线组织形态

各营销单位的组织形态根据本单位产品市场及业务定位进行设计。例如，某公司为保持营销业务组织的敏捷性，建立"敏捷型"营销组织，具体来说，一线大区组织建在省/市，每个大区覆盖3～5个省/市；海外营销业务有所不同，组织设置包括各属地事业部、国家事业部、销售公司、大区。××事业部营销公司架构如图14-1所示，营销一线人员规划如表14-3所示。

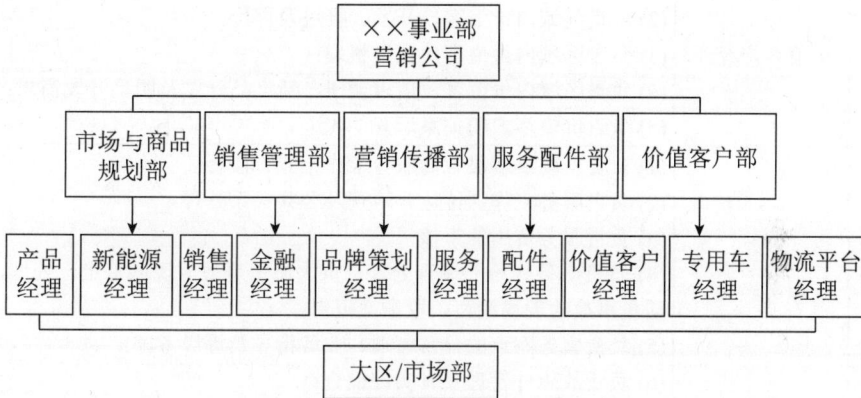

图14-1　××事业部营销公司架构

表14-3　营销一线人员规划

序号	事业部	一线大区	业务目标	人员规划/人
1	××事业部	××大区	……	××
		××大区	……	××
		合计		××
2	××事业部	××大区	……	××
		××大区	……	××
		合计		××

14.3.3　营销人员职位设计

为达成业务目标，依据不同业务特点，区域组织可设立产品、销售、服务、配件、金融、价值客户、物流平台、品牌策划等标准岗位，与后台管辅人员直接对接，也可根据业务具体情况增设其他岗位。营销人员标准岗位职能职责如表14-4所示。

表14-4 营销人员职能职责

序号	职位名称	职能职责
1	大区经理	负责大区全面管理工作，包括但不限于大区战略规划和管理推进、团队建设、销售与服务管理、大区共用资源协调、大区网络规划、分销与服务网络建设计划推进管理、风险控制管理、大区内特大纠纷和特大服务抱怨的协调处理、大区竞争策略研究、促销策略、销量目标及市场占有率目标的达成、推进管理、大区环境职业健康安全管理体系工作推进
2	价值客户经理	(1) 负责区域内价值客户需求线索的收集、验证及跟踪； (2) 负责区域内价值客户开发、推进及评价； (3) 负责区域内价值客户档案整理； (4) 负责区域内价值客户需求调研、新产品开发及明确开发需求； (5) 负责价值客户的关系运营
3	服务经理	(1) 负责市场终端服务商服务工作指导、监督； (2) 负责服务工作的传达、检查及公共关系处理； (3) 负责服务费用的审核； (4) 负责服务纠纷的调查处理，重大质量事故的现场鉴定、处理，特大质量事故的现场勘察、取证、报告； (5) 负责服务网点的日常管理、业务指导及等级考评； (6) 负责故障件管理及真实性检查； (7) 负责服务销售网络建设考察及建议
4	配件经理	(1) 负责大区服务商配件服务信息系统(PMS)应用的指导、培训； (2) 负责大区服务商月度配件计划的分解、目标达成； (3) 负责大区配件网络建设计划的推进、实施
5	产品经理	(1) 负责对辖区的政策环境、竞争环境进行分析及监控； (2) 负责对本区域主销产品的用户进行研究； (3) 负责提出产品开发的商改和公告需求建议，并明确销量规划、制定产品组合； (4) 负责对本大区产品的卖点进行整理、策划与实施； (5) 负责对重点新产品营销人员进行培训； (6) 对本区域内本品重点新产品及竞品新产品投放、市场表现、价格变化等信息进行监控，并提出应对策略
6	物流平台经理	(1) 负责物流行业合作模式研究； (2) 负责物流行业合作模式推动、提炼总结与横向推广； (3) 物流行业合作单位之间的政策制定、报批与推进管理； (4) 负责物流行业销售计划、要素目标的达成； (5) 负责物流行业整体赋能解决方案的编制； (6) 负责物流行业产品培训与经销商业务指导； (7) 负责物流行业项目终端的对接、洽谈与项目跟踪； (8) 负责物流行业客户关系维护与跟踪

序号	职位名称	职能职责
7	金融经理	(1) 负责本品牌客户金融需求分析及输出； (2) 负责本品牌金融促销政策的制定与实施； (3) 负责金融产品的终端包装与宣传话术； (4) 负责对金融专员进行培训及认证； (5) 负责本品牌金融业务运行情况评估，包括但不限于产品、政策、流程、金融资源等； (6) 负责竞品金融产品及政策研究
8	品牌策划经理	(1) 负责制订区域内该品牌年度经营计划； (2) 负责制定品牌地区营销策略； (3) 负责制订品牌地市场推广计划和方案； (4) 负责建立和维护区域性品牌资产； (5) 负责竞争品牌信息的收集、反馈

14.3.4　梳理岗位及人员现状

通过梳理各组织形态下的业务要求、岗位设置及人员配置情况，分析人员年龄、学历等结构指标，以此评估人岗匹配情况，如表14-5所示。

表14-5　岗位及人员情况

序号	事业部	一线大区	业务目标	岗位情况				现员情况						人岗匹配情况
				岗位名称	岗位职数	岗位职能职责	任职资格要求	人数	姓名	层级	性别	年龄	学历	
1	××事业部	××大区	销量××台	大区经理										高配
				产品经理										低配
				服务经理										
				×××										
				合计：××人				合计：××人						
		××大区	销量××台	中心主任										
				产品经理										
				金融经理										
				×××										
				合计：××人				合计：××人						
			………											

14.3.5　明确空缺人员计划及补充方式

通过业务、人员现状梳理及人岗匹配分析，重新明确人员计划，并输出人员补充计划，如表14-6所示。

表14-6 人员补充计划

序号	事业部	一线大区	岗位情况				补充方式(内调/社招/招聘学生)	到位时间
			岗位名称	岗位职数	现有人数	缺员人数		
1	××事业部	××大区	大区经理					
			产品经理					
			服务经理					
			×××					
			合计					
		××大区	中心主任					
			产品经理					
			金融经理					
			×××					
			合计					
			……					

待人员补充到位，可实施人员的系统性培养、创新性长效激励，以促进业务目标的达成。

第 15 章

生产人员人力资源规划——
生产效率确定人员规划

15.1 如何规范生产人员管理口径

15.1.1 案例：某电子企业生产人员口径

某电子企业按管理口径将生产人员分为两类，如表15-1所示。

表15-1 某电子企业生产人员口径

分类	具体人员
直接人力 (DL)	1. 生产工位员工，生产线设备操作人员
	2. 生产线on-line检验员，重工(维修)人员，物流人员(如物料员、包装员)，安技员、稽核员、站长及线长(含)以下人员
	3. 品管IPQC及FQC
	4. 模具制造加工人员
间接人力 (IDL)	1. 现场组长及以上管理人员
	2. 仓库数据信息处理及物流人员，产品送检人员，off-line检验人员(包含IQC及OQC)，off-line维修人员(包含模具及设备维修人员)
	3. 其他未列入直接人力的岗位人员

直接人力(Direct Labor，DL)为各生产工作站的固定编制人员，其工作内容重复，可用传统时间研究法(秒表测试法和预定时间标定法)测定其工作负荷，属于连续有频率型人员。

间接人力(Indirect Labor，IDL)为非现场直接作业人员，不直接参与产品的生产与制作，通常工作内容不固定，工作内容少重复，处理问题方式综合多样，工作价值需用统计、抽样、分类比较、要素记点等综合方式测量。

15.1.2 案例：某企业生产人员口径规范

生产人员包括生产系统全部人员，与生产强相关的物流操作人员、质量系统过程及整车检查员，如表15-2所示。

表15-2 某汽车企业生产人员口径

系统	分类	具体人员	人员口径
物流系统	物流相关人员	与生产一线工作关联人员，主要有转运班长、库管员、叉车司机、装卸工、加油工、转运人员、中心库人员、微机操作员等	直接人员

系统	分类	具体人员	人员口径
质量系统	质检人员	从事与生产一线工作管理关联较大的人员，主要有质检班长、质检员、外检员、检测线相关人员	
生产人员系统	直产工艺人员	包含各车间周期性作业的工位生产人员	直接人员
	直产运营人员	各车间为应对人员流失、旷工请假、零部件异常、质量问题、新产品试产，补充直产工艺定员而储备的工人	
	班长	班长	
	段长	段长	
	工艺质量管理	包含各车间的车间工艺、质量等管理业务人员	间接人员
	辅产工人	包含车间的保管员、维修工、质检员、三包员等辅产工人	
	车间管理员	包含各车间的调度、统计、核算、安全员、精益制造等管理人员	
	车间管理领导	包含各车间的主人、副主任、部长、副部长等	

|15.2 工厂规划阶段定编定员规划|

在新工厂产能规划阶段，管理人员应基于工厂的设计产能，参考工厂加工深度、自动化程度、以往产品工时经验，以行业标杆对象为参照，完成初步的生产人员规划。

具体实施时，我们应按照最大产能预计人数，做出人员数量的总体规划，为决策层提供相关数据信息，数据相对广泛。例如，某工厂年产能10万台，工人3200人。

具体的实施方法如下所述。

(1) 根据最大产能及规划的作业形态(月均21.5个工作日、单班8小时)，每小时的生产数为IPT，生产线生产节拍时间(TT)，按照预设的设备开动率，计算实际节拍时间(ATT)，默认良率为100%，公式为

$$ATT=3600 \div JPH \times 工时利用率 \times 设备开动率$$

(2) 根据实际节拍时间与工时定额(按规划或者以往生产经验来算)确定理论需求配置人数，公式为

$$理论需求配置人数=工时定额 \div 实际节拍时间$$

(3) 结合工位工时饱和度，得到实际需求配置人数，公式为

$$实际需求配置人数=理论需求配置人数 \div 工位工时饱和度$$

| 15.3　生产启动阶段工艺定员规划 |

生产启动过程是指将产品在完成设计开发的状态下导入工厂，以实现质量稳定、批量生产为目的所开展的一系列活动总和。它包含生产启动准备、产品和工艺验证(连线调试)、预试生产(质量稳定)、试生产(达到节拍生产)4个过程。

配备熟练的操作工人、检验人员、工装设备维护保养人员、零部件配送人员、返工维修人员等基层员工是生产启动成功达成目标的核心条件。所有的工装设备、工艺方法、物流配送等都应该围绕基层员工的熟练度提高来开展工作。

15.3.1　界定人员预算的边界条件

生产定员受生产计划、生产组织方式等因素影响，因此在计算定员前，需确认JPH、设备开动率、工时利用率等相关边界条件，如表15-3所示。

表15-3　人员预算边界条件

项目	JPH	工时利用率	设备开动率	生产线可动率	节拍时间	实际节拍时间
定义	每小时生产数	日实际工时与规定工时之比	设备实际开动情况	生产线实际运行情况	节拍时间TT (Takt Time)是指按照JPH生产一台车所需要的时间	实际节拍时间ATT (Actual Takt Time)是指生产线连续完成相同两个或两批产品所消耗的实际时间间隔
公式	JPH= 3600÷TT	工时利用率=(制度工时-上下午休息时间)÷制度工时	由工艺规划制定，各车间有所不同	生产线可动率=工时利用率×设备开动率×良率	TT=3600÷JPH	ATT=TT×生产线可动率

15.3.2　直产人员的定员规划

根据产品工时及边界条件，制定每一条生产线的直产人员配置明细，公式为

计划人数=工时÷实际节拍时间

按照表15-3编制某企业某车间人员预算边界条件，以便进行人员规划，如表15-4所示。

表15-4　某企业某车间人员预算边界条件

JPH	工时利用率	设备开动率	生产线可动率	节拍时间	实际节拍时间
目前某车间JPH为30台	制度工时=8小时×60分钟=480分钟 上下午休息时间=15分钟×2=30分钟 工时利用率=(480-30)÷480=0.9375	目前某车间设备开动率为96%	0.9375×0.96=0.9=90% (默认良率为100%)	节拍时间=3600÷30=120秒	实际节拍时间=120×0.9=108秒

1. 生产线人员规划

生产线人员规划如表15-5所示。

表15-5　某企业某车间××人员规划

效率目标			节拍时间		
工时利用率	0.9375		节拍JPH		30秒
设备开动率	0.96		实际节拍时间ATT		108秒
工位工时饱和度	0.87				
序号	工位	工序内容	工时定额	计划人数	配置人数
1	××01L	××	2.00秒	0.02	
2	××01L	××	6.84秒	0.06	
3	××01L	××	5.00秒	0.05	0.70	1
4	××01L	××	22.88秒	0.21	
……	××02				
小计					

需要注意的是，部分工位虽然工位工时不饱和，但是考虑到实际情况，必须设置1名员工，比如扫码工作等。工位工时饱和率的公式为

$$工位工时饱和度=计划人数÷配置人数$$

2. 返修线人员规划

返修线人员规划如表15-6所示。

表15-6　某车型某车间返修线人员规划

序号	返修工段	作业内容	配置人员	合计	操作工	返修工
1						
2	××线					
3						
4						
5	××线					
6						
7						
小计						

说明：

(1) 返修人员配置计算公式为

返修人员配置=单台工时目标(Hours Per Vehicle，HPV)×JPH

根据成熟企业经验，在JPH为30秒的运行条件下，返修工时是0.75小时=45分钟。

(2) 按照返修工时0.75小时计算返修人员为23人(根据实际计算得出企业具体数

据)，但根据生产现场实际的返修内容(定点作业多少、距离远近)配置了46人(根据车间要求、生产实际情况、返修深度等情况增加人员配置)，返修工时达到1.5小时(46÷30≈1.5)。

3. 直产人员规划

根据每条生产线的人员，汇总整个生产车间的直产人员数量，如表15-7所示。

表15-7　某车间某产品生产线生产工人配置—30JPH单班

生产线	A产品工时	B产品工时	C产品工时	加权工时	编制人员	临时人员	合计	工位工时饱和度
×××线								
×××线								
×××线								
×××线								
×××线								
×××线								
×××线								
小计								
返修								
合计								

需要说明的是，根据生产现场实际工位情况配置人员，具体考虑以下几方面。

(1) 考虑定点操作设备作业，前后工艺是否可调整。

(2) 考虑特殊工位作业困难程度，可适当降低该工位的工位工时饱和度。例如，员工长时间弯腰作业。

(3) 考虑个别工位由于工艺规划特性，即使工位工时饱和度非常低，也不能再增加作业内容。例如，工位扫码操作工位。

(4) 考虑无工时但定点作业人员的工位情况。例如，车间的物料转运人员的工位。

由于产品的一些质量问题长期或短期存在，增加了一些临时工艺操作，影响了生产效率。针对这种情况，企业会配置临时工艺质量管理人员，待质量问题解决后，此类人员需优化。

│15.4　产品量产阶段标准定员规划│

15.4.1　生产人员分类

量产阶段定员，除了工艺定员之外，还存在生产辅助人员，生产人员口径变大，需要按照管理内容及实际生产细分。按照企业生产人员口径，生产人员可划分为两类。

1. 直接人员

直接人员即一线直产工人，是与生产一线工作关联度较大的物流人员及与生产一线工作关联度较大的质检人员。

2. 间接人员

间接人员是指车间管理、工艺质量管理辅产等人员。

15.4.2 生产人员管理模型

依据市场月度滚动需求确定ATT，由标准作业、线平衡确定直产工艺定员，对人员效率进行月度滚动评价，工厂据此改善生产效率并滚动预测$N+3$月生产人员需求。图15-1为某制造企业生产人员管理模型。

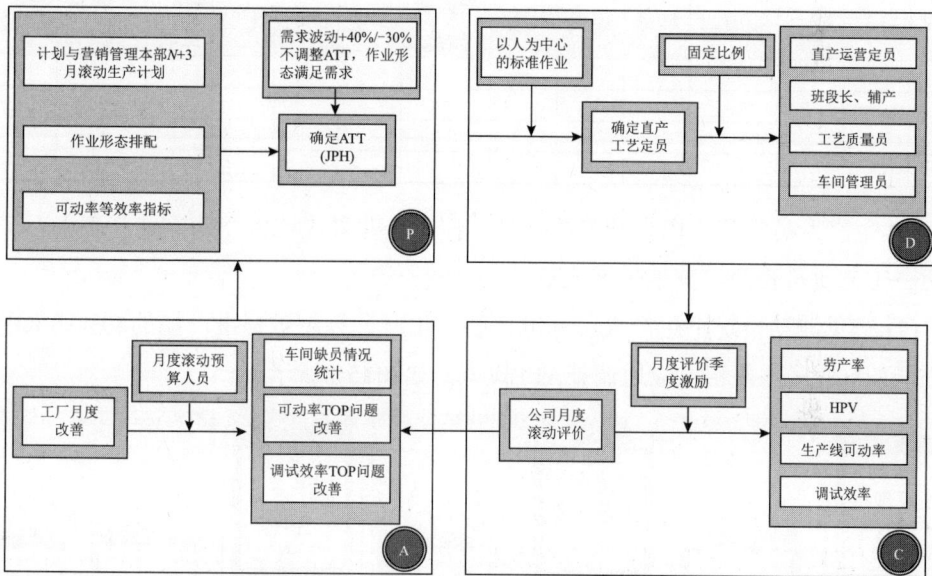

图15-1　某制造企业生产人员管理模型

15.4.3 生产人员标准制定

(1) 月度资源配置计划。通过下发的月度生产计划，作为工厂确定ATT的输入。

(2) 作业形态排配。按照计划合理排配工作时间与工作日，同样作为工厂确定ATT的输入。

(3) ATT确定。通过作业形态排配与可动率，输出ATT，确定工厂的标准产能、最大产能、最低产能。

(4) 标准作业时间。在此ATT的基础上，精确输出各工位、工序的作业时间(按照产品上线比例，得到综合CT)。

(5) 直产工艺定员。在综合CT的基础上，输出精确到工位的直产工艺定员，得到所需直产工艺定员总数，如表15-8所示。

表15-8　某企业某车间×生产线直产工艺定员情况

生产线	×生产线	月度资源配置计划	×	工作时间	×小时	TT	×秒	可动率	×%	线平衡率	×%	日产能	×台
工位数	×	月产能	×台	工作日/天	×天	ATT	×秒	JPH实绩	×秒	工位工时饱和度($\sum$CT/nATT)	×	直产工艺定员	×

生产线	工位号	工位名	工序作业内容	人数			变化点与改善措施	工时校核					生产线山积图
				标准	现员	预算		车型	工时	比例	平均工时	平均负荷率	

(6) 生产人员定员。由直产工艺定员，按照企业最优比例，确定辅产工人、车间管理、工艺质量管理等其他生产人员。

(7) 产量波动情况下生产人员标准调整。生产计划超过标准产能的40%或低于标准产能的30%，需要相对应地调整ATT模型，如图15-2所示。

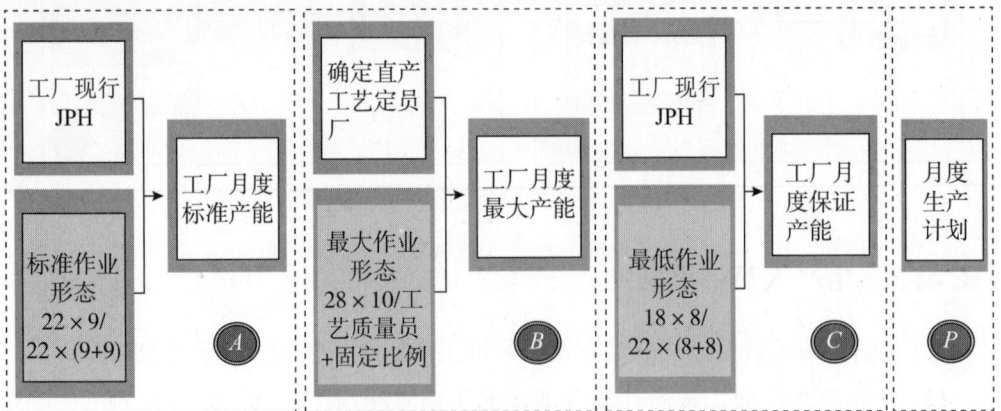

图15-2　ATT调整模型

生产计划超过标准产能的40%[(28天×10小时-22天×9小时)÷22天×9小时]或低于标准产能的30%[(18天×8小时-22天×9小时)÷22天×9小时]，输出相对应的ATT，并调整生产人员。

P>B，需调大JPH，提升线速，调整ATT，编制标准作业；

P<C，需调小JPH，降低线速，调整ATT，编制标准作业，优化生产人员；

C<P<B，维持现行JPH，不调整ATT，通过效率提升与月度改善优化生产人员。

ATT确定后，按照新的节拍，重新核定工艺定员，后续按照量产方式进行生产人员管理。

15.4.4 最低生产人员配置标准

1. 工艺角度

当产量低至一定程度，生产线按照最低运行速度运行，按此ATT，生产线配置标准定员。

2. 效率成本角度

当调整ATT后，产线优化人员的成本低于设备运行的燃动、折旧、物流、资金占用等综合成本，按照此ATT生产线配置标准定员。

15.4.5 设备定员

通过人机操作分析，制订设备定员计划。

人机操作分析是指以机械化作业为研究对象，通过现场观察某一项作业，分析操作者和机器设备之间的相互配合关系，尽量消除操作者和机器空闲，以提高人机作业效率的一种分析方法。

人机操作分析的主要工具是人机操作分析图，它可以显示操作者和机器的工作和空闲情况，如图15-3所示。

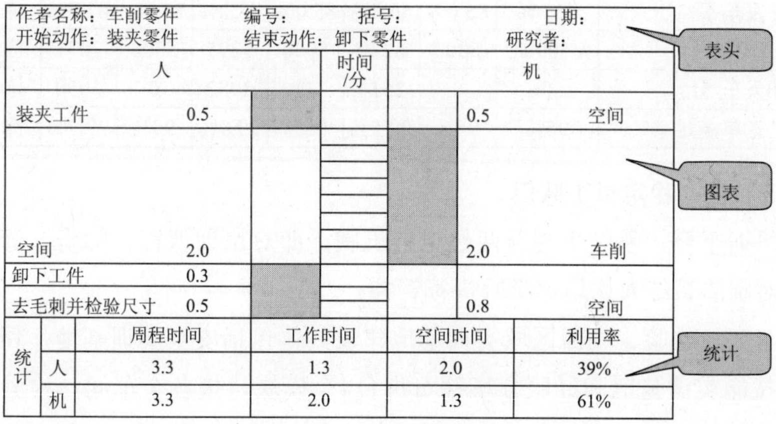

图15-3 人机操作分析图

|15.5 提高生产人员效率管理措施|

1. 生产人员效率评价管理

准确地统计和分析劳动生产率，可以促使企业改进管理，合理安排劳动力计划，贯彻劳动工资政策，不断提高生产效率，降低产品制造成本。劳动生产率指标分为全员劳动生产率和直接工人劳动生产率，这项指标适用于企业自身对比，也适用于行业对比。

国家规定，劳动生产率指标统计方法有三种，即产值法、物量法、工时法。其中，制造行业多采用后两种统计方法进行效率对比，通常使用人均生产产品(VPP)和单台工时(HPV)这两项较为直观反映效率水平的指标。VPP和HPV作为效率衡量指标能够反映企业内部生产单位的劳动生产率水平。

如表15-9所示，某企业×月形成月度滚动管理机制，集成效率指标数据库，为后续效率评估积淀数据经验。

表15-9　某企业×月生产效率完成情况

| 序号 | 指标名称 | 2018年目标 | 具体完成情况 | | | | | | 趋势 | 综合评价 |
| | | | 6月 | | 7月 | | 8月 | | | |
			目标	实际	目标	实际	目标	实际		
1	劳产率/台/人	2.39	2.15	2.34	2.17	2.21	2.11	1.98	持平	×
2	HPV/小时/台	52.0	54.0	56.4	53	50	53.0	46.6	向好	●
3	生产线可动率	95.0%	94.0%	91.1%	91.0%	91.6%	92.0%	95.9%	向好	●
4	线下车滞留台数/台	191	653	752	653	608	633	2949	向坏	×
5	报交效率	87.0%	70.0%	49.1%	70.0%	54.7%	70.0%	53.9%	持平	×
6	准时入库率	93.0%	80%	80.6%	80.0%	82.9%	80.0%	80.2%	持平	●
7	准时发车率	85.0%	85.0%	66.4%	85.0%	63.2%	85.0%	67.9%	持平	×
8	中心库存/台	5000	5000	6220	5000	9295	5000	7071	持平	×
9	超30天车/台	0	0	2514	0	2982	0	3050	持平	×
10	生产订单满足率	95%	95%	99.5%	95%	99.9%	95%	99.7%	持平	●

2. 提升技能，稳定员工队伍

通过培训平台，系统可完善两级培训机制，即对培训课程、师资、管理流程进行完善，对制造系统人均培训学时进行管控。

生产车间、检验、物流区域实训基地建设具体包括安全实训基地，精益制造实训基地，技能实训基地和经验分享钻石讲台4个模块。按各个车间、检验和计划物流这几个区域规划设计。

企业管理人员应及时评价关键岗位流失率指标，加强班组园地建设，凝聚一线团队，改善员工工作环境，举办关爱员工活动。

3. 标准作业开发与管理

员工的标准作业是降低生产现场成本、提升效率尤其是保证质量的根本。因此，要建立以人为中心的标准作业开发管理流程，开展标准作业考评验证，培训改善工具的使用方法，为细化工位及与工艺、工时相结合的生产人员管理打下基础。

4. 推进自动化，实现省人化

结合自动化水平提升企业需要及人工成本上涨较快的现状，为提高生产人员作业效率，提升制造质量，为智能化企业建设打下坚固基础，企业应逐步导入自动化设备以取代人工作业，应规划与工艺部门的协同合作，应重点关注制造过程关键工序、困难作业工序、动作重复和规范性高的作业工序，并对用于开展自动化导入工作的设备进行评估。

5. 对员工实施信息化管理

企业对人均培训学时、关键人才流失率、技能人才比例、工作饱和度、员工出勤率及人员结构等人员管理指标进行数字化管理，为高效率、高质量、低成本的智能管理与决策提供支持。

第 *16* 章

如何编制人力资源总体规划

做好前面的相关工作后，人力资源规划管理就开始进入人力资源总体规划编制阶段，具体包括以下方面。

16.1 建立人力资源规划组织

为了统筹人力资源规划工作，企业需要成立规划小组，明确人力资源规划管理组织、管理定位及管理活动，保障人力资源规划总体有序进行。搭建人力资源规划管理组织体系，要明确两个分工。

1. 人力资源部与横向关联部门之间的业务分工

(1) 制造部门。制造部门负责提供制造计划、生产变动人员总量、结构计划和效率目标。

(2) 营销部门。营销部门负责提供经营计划、资源配置计划、市场计划、生产计划、组织优化计划；负责提供营销业务人员总量、结构计划和效率目标。

(3) 财务部门。财务部门负责提供各责任主体销售收入和人工成本总额目标。

2. 人力资源内部之间的分工

(1) 集团人力资源部。集团人力资源部负责体系搭建、政策标准确定、模板设计以及相关协调调度工作。

(2) 事业部人力资源部。事业部人力资源部负责总结决算、规划编制、上报评审。

具体设计时，我们可以参照本书第10章某集团公司人力资源规划组织管理体系。

16.2 厘清人力资源规划要素

人力资源规划投入要素有很多，前面章节对各要素内容进行了统筹分析。在实际编制人力资源总体规划时，除统筹分析外，还要寻找关键核心影响要素进行重点分析。

16.2.1 编制依据

人力资源规划编制依据及主要分析要素如下所述。

(1) 整体战略规划。

(2) 人力资源内、外部竞争环境影响因素分析。

(3) 年度业务计划。

(4) 年度生产计划。

(5) 年度财务计划。

(6) 组织机构及职位设置。

(7) 薪酬及相关福利政策。

16.2.2 业务类型

我们需要结合集团整体战略对不同业务进行分类分析。业务类型不同，人力资源规划模式也不同。

(1) 按照业务发展阶段，业务可分为成熟成长业务、战略投入业务、调整业务。

(2) 按照业务开展时间，业务可分为原有业务、新增业务。

(3) 按照业务职能职责，业务可分为职能业务、市场化业务等。

在实际编制中，我们需要结合企业具体情况选择适宜的分类方法。

16.2.3 投入要素

1. 外部环境分析

对企业外部环境进行分析后，形成SWOT分析结果，SWOT分析模板如图16-1所示。

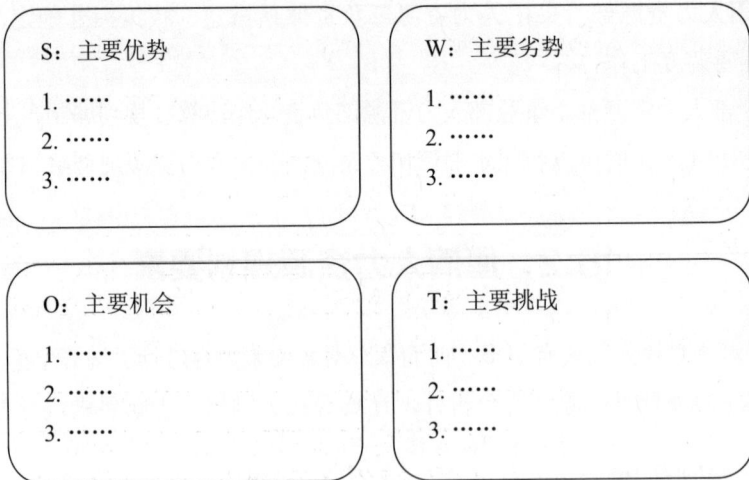

图16-1 SWOT分析

结合外部环境的SWOT分析结果，明确影响人力资源规划的主要因素并进行分析。下面，我们以外部环境变化对某行业人工成本增长的影响为例进行说明。

1) 某行业人才紧缺，人工成本不断攀升

(1) 某行业人才紧缺。预测在未来5年内中国××业将以15%～20%的速度健康发展，中国××业的迅猛发展与××人才发展滞后之间的矛盾在近几年内将越来越突出。××业研发人才缺口50万人。从××××年初至今，核心管理人员和技术人员的流动率可能会高于30%。(数据来源：《中国人才报告》)

(2) ××行业薪酬增长率。××××年到××××年的薪酬增长率分别为8.06%、13.55%、11.20%、9.60%，预计×××年汽车行业薪酬增长率将为10.10%，薪酬平均增长率为11.1%，其他人工成本维持40%左右的增长幅度。

(3) 招聘人才薪酬水平。经测算，社会招聘人才×××年薪酬水平比××××年增长了20%以上。

(4) ××行业人工成本攀升水平。为了吸引和留住核心管理人员和专业技术人员，××企业纷纷提高基本薪酬、改善福利待遇、增加奖金及实施股权激励，这使得××行业的人工成本整体上不断攀升。

2) CPI持续上涨间接推动人工成本增长

不断上涨的CPI直接导致职工生活成本增加、购买力下降、可支配收入减少，导致职工加薪需求越来越强烈，企业增长工资将成必然，进而导致企业人工成本增加。(数据来源：《中国经济季报》)

3) 社保公积金缴纳基数大幅增加

随着××××年集团业务分布地区最低工资标准和社会平均工资的大幅增长，社保和住房公积金的缴纳基数也随之提高，这也增加了企业缴纳社保和住房公积金的费用等，从而增加了人工成本费用。

……

综上所述，人工成本不同于一般的原材料成本，原材料价格会随供求关系的转换有涨有跌，它的刚性特征决定了这是一条长期上涨的成本曲线。目前，根据以上原因分析，这条曲线的斜率有可能在未来几年变得更陡，企业应做好充分准备，力图通过产业结构调整、生产区域布局、增加附加值、提高技术含量等来提高企业的竞争力。

2. 内部环境分析

1) 战略分析

分析公司战略、业务战略和企业战略，输出人力资源战略，如表16-1所示。

表16-1　战略分析

业务战略目标	战略目标实现举措	人才战略挑战
营业利润××	战略导向，配置资源	业务迅速发展，现有队伍无法满足项目需求
市场占有率行业第×	提升组织能力	进入×业务，×业务管理人员不足
产品规模提升，结构	进入××城市，高效	××领域内人员不足
占比达到×%	复制成熟产品	有经验的管理人员由外部招聘和内部调整来获得

2) 业务计划

企业业务计划××，较同期预计增长××%，如表16-2所示。

表16-2　业务计划情况

单位	同期	计划	同比	增减变化(+/−)
业务1				
业务2				
……				
小计				

3) 组织及业务调整情况

因组织及业务调整，需要增加或减少人员××人，人工成本××万元，具体的组织及业务调整情况如表16-3所示。

表16-3　组织及业务调整情况

序号	单位	业务调整类型	业务调整情况	文件名称	调整日期	影响趋势	人员	成本	调整月份
1		组织/业务新增	−	×字〔201×〕××号		+			
2		组织/业务划转	−	−		+/−			
3		组织/业务优化整合	−	−		−			
4			−	−		−			
小计									

（表16-3 人力资源绩效指标列合并标题：人力资源绩效指标，包含 影响趋势、人员、成本 三列）

4) 人力资源本年度完成情况盘点分析

(1) 人力资源绩效指标盘点，如表16-4所示，具体包括以下两方面。

■ 效率指标运行情况：年度劳动效率实际为××万元/人，比年度计划低
　　××%，同比降低××%；人事费用率实际为××%，比年度计划高××个
　　百分点，同比增长××个百分点。这主要由业务计划实际完成率低于年度计
　　划、人员优化调整刚性、减员幅度与业务计划下降幅度不匹配所致。

■ 总量指标运行情况：年度人员总量实际为××人，比年度计划少××人，同比减少××人；人工成本实际发生××亿元，比年度预算节余××亿元；人均人工成本为××万元，与年度计划持平，同比增长××。

表16-4 人力资源绩效指标盘点

预算目标		单位	年度计划	实际完成			
				年度实际	差异		评价
					比年度计划	同比	
效率指标	劳动效率	万元/人					
	人事费用率	%					
总量指标	人员总量	人					
	人工成本总额	万元					
	人均人工成本	万元/人					

(2) 人员指标盘点。年末人数与年度计划相比，人员未配置到位的系统有××、××、××等；超员的系统为××、××、××等，如表16-5所示。

表16-5 人员指标盘点

系统	单位	计划	年末人数		比计划	增减原因说明(+/-)
			年末人数	各系统占比		
研发系统	人					
IT	人					
……	人					
小计	人					

(3) 人工成本盘点。人工成本实际发生××亿元，较年度预算节余××万元，具体情况如表16-6所示。

表16-6 人工成本盘点

系统	单位	计划	年度人工成本		比计划	增减原因说明(+/-)
			累计实际	各科目占比		
薪酬总额	万元					
社保费用	万元					
福利费用	万元					
……	万元					
小计	万元					

根据人员变化情况、薪酬调整变化情况分析人工成本增减原因，具体如表16-7所示。

表16-7 人工成本增减原因说明

科目	项目	同期	人员不变						薪酬调整		人员变化		年度实际
			系数影响		社保		公积金		中基层调薪	绩效调薪	人员增加	人员减少	
			工资	差异	调整	增加	调整	增加					
工资	发工资人数												
	工资												
社保	社保费用												
	缴纳人数												
	缴纳基数												
	缴纳率												
公积金	公积金费用												
	缴纳人数												
	缴纳基数												
	缴纳率												
	……												
小计													

影响人工成本的因素有以下几方面：如果保持同期人员不变，影响人工成本的因素有绩效系数、社保及公积金缴纳基数、缴纳率；如果薪酬政策调整，将导致人工成本变化；因业务量变化，导致人员总量变化。人员总量减少，则相应减去该人员的人工成本；人员总量增加，则按照新增人员层级及工资标准，增加该人员的人工成本；因人员能力不能满足业务发展需要，人员结构调整导致人员总量变化时，根据人员调整时间置换相应人员的人工成本即可。

通过上述分析，我们可以直观得出人工成本变化的主要原因。

16.2.4 编制原则

人力资源规划是连接战略规划和公司业绩的必由之路，因此人力资源规划对上必须基于公司的战略规划，对下应能支撑业务发展。在编制人力资源规划之前，首先需要提炼并形成人力资源管理导向及相应编制原则。

人力资源规划编制原则要以战略绩效为导向，以满足业务资源最佳匹配、最佳投入产出为目标，以人才发展为企业发展核心，最终实现人力资源的最佳使用。人力资源规划编制需要按照业务所处阶段和人力资源预算管理模式设置效率目标，并遵循以下编制原则。

(1) 业务导向原则。

(2) 利润导向原则。

(3) 绩效导向。

(4) 内外部对标原则。

(5) 增量预算原则。

(6) 职能预算与业务预算相结合原则。

(7) 政策合规原则。

(8) 资源配置计划与经营计划同步编制的原则。

| 16.3　编制人力资源工作计划 |

凡事预则立，不预则废。有计划，就等于明确了工作方向、方法、标准流程。人力资源工作计划的制订应遵循5W2H原则。

首先，需要对各单位宣贯本年度人力资源规划的原因及目的，分别回答Why、What的问题；

其次，明确人力资源规划的责任部门及完成时间，回答Who、When的问题；

再次，确定人力资源规划从哪里入手以及如何实施，也就是Where、How的问题；

最后，明确本次人力资源规划年度输出目标，组织分月计划编制，也就是衡量How much的问题。

人力资源工作计划如表16-7所示。

表16-7　人力资源规划工作计划

预算阶段	项目	内容	责任部门	完成时间
第一阶段：预算工作启动	××××年预算工作安排宣贯	梳理年度预算模式，并对各事业部进行预算模式宣贯	人力部门	×月×日
	××××年预算模板下发	完成预算模板设计并下发		×月×日
	××××年预算方法及模板培训	××××年人力资源计划与人工成本预算相关工作培训		×月×日
第二阶段：预算输入准备	预算编制业务输入材料准备阶段	完成集团各单位市场计划及产量计划输入	业务部门	×月×日
		完成集团各生产单位生产制造规划输入		×月×日
		初步确定集团各单位销售收入、利润和人工成本目标	财务部门	×月×日

预算阶段	项目	内容	责任部门	完成时间
第三阶段：预算编制	根据业务计划及集团政策编制预算	依据业务情况编制年度预算	各单位	×月×日
	财务人工成本目标锁定	依据市场及收益目标锁定人工成本总额目标	财务部门	×月×日
第四阶段：预算评审	各归口管理部门进行职能预算评审	评审研发人员人力资源计划总量目标	业务部门	×月×日
	人力部门进行总体预算评审	评审全员绩效目标，汇总评审后的预算结构及绩效目标	人力部门	×月×日
	主管副总评审人力资源预算			×月×日
	公司初步评审人力资源预算	评审集团和各单位绩效目标、总量目标和结构目标		×月×日
	总经理评审人力资源预算			×月×日
第五阶段：预算目标下发及分解	人力资源计划与预算目标下发	下发集团预算评审目标(绩效、总量及结构目标)	人力部门	×月×日
	各单位进行预算目标分解	根据集团评审目标分解本单位月度分解计划	各单位	×月×日

16.4 组织人力资源规划编制

编制人力资源规划的模式有三种，分别为先结构后总量管理模式(正向规划)、效率目标管理模式(逆向规划)和混合管理模式。企业应根据不同业务类型，确定人力资源规划模式，如表16-8所示。

表16-8 业务类型与规划模式匹配情况

分类	业务类型	规划模式
按发展周期划分	职能业务	正向规划
	成熟成长业务	逆向规划
	战略投入业务	正向规划
	调整业务	混合管理
按开展实际划分	原有业务	逆向规划
	新增业务	正向规划
按职能职责划分	职能业务	正向规划
	市场化业务	混合管理

16.4.1　人力资源正向规划管理——先结构后总量管理模式

先结构后总量管理模式是以业务为导向，根据业务发展需要规划相应的人员，按照人均薪酬总量和增长幅度以及薪酬制度和政策，核算对应的薪酬总额的一种人力资源规划管理方式。先结构后总量管理模式按照人员层次、政策以及业务量进行。

1. 先结构后总量管理模式的要素

(1) 人力资源战略方向确定。

(2) 输入业务职能目标。

(3) 按职能进行定员规划。

(4) 人员效率指标确定。根据业务目标及人员计划，核算人员效率目标，按照同期及历史水平进行验证。

(5) 人工成本预算。

(6) 成本效率指标确定。

(7) 汇总形成人力资源规划。

(8) 组织会议评审。

(9) 落实规划相关措施。

2. 先结构后总量管理模式的具体工具表单

(1) 首先确定企业战略方向和人力资源管理目标(同内外部环境变化中的商业模式)。

(2) 按照业务职能进行人员总量结构及能力规划。在进行正向人员规划时，我们应分别考虑管理人员、营销人员和生产人员的特点，进行分类规划，最后汇总结果，模板如表16-9所示。

表16-9　正向人员规划表

部门	人员分类	现员	计划	比现员	人员增减情况(+/-)
	管理人员				+/-
	营销人员				+/-
	生产人员				+/-
	小计				+/-

(3) 人员效率指标核算。我们根据业务实际需求做好人员规划后，还需根据业务指标和人员计划，核算人员效率指标，针对变动人员分类核算相应的效率指标情况，具体核算规则及指标定义如表16-10所示。

表16-10　人员效率指标

评价指标	指标定义
劳动效率	销量÷月均人数
生产人员劳动效率	产量÷生产人员月均人数
营销人员劳动效率	销量÷营销人员月均人数

核算人员效率指标后，要对各类人员效率指标进行验证，保证效率指标同比提升，并确定是否达到历史最优水平。如差异较大，还需进一步审视人员目标是否存在问题，或者业务是否发生重大变动。

(4) 人工成本预算。根据规划的人员总量与结构，对应薪酬福利标准，按照企业各项薪酬福利政策，测算各项人工成本项目。

① 工资预算。管理人员和营销人员一般按照现有工资进行测算，公式为

$$工资=工资标准×12$$

如人员层级发生调整，则需考虑调整月份之后的增量，公式为

$$工资=工资标准×调整月份+调整后工资标准×(12-调整月份)$$

生产人员工资核算方式一般分为计件和计时两种，测算公式分别为

$$计件工资=车间1标准台×车间1单台工时标准+车间2标准台$$
$$×车间2单台工时标准+……$$

$$计时工资=车间1工作时间×车间1时值+车间2工作时间×车间2时值+……$$

② 社保/公积金预算核算的公式为

$$社保/公积金费用=缴纳基数×缴纳比例×缴纳率×12+缴纳基数×缴纳比例×缴纳率(12-调整月份)×增幅$$

③ 奖金。年度绩效奖金按照绩效分配规则进行梯队化预算，模板如表16-11所示。

表16-11　年度绩效奖金预算情况

任务量	年度绩效奖金系数	发放额度
120%以上		
100%～120%		
80%～100%		
60%～80%		
50%～60%		
50%以下		

④ 其他因素。随机调整其他因素，根据政策和实际情况进行核算，模板如表16-12所示。

表16-12　项目性成本预算情况

项目类型	福利项目	政策依据(文件编号及名称)	兑现月数	兑现次数	费用标准/元/人			享受人数			预算额度/万元		
					管理人员	生产人员	营销人员	管理人员	生产人员	营销人员	管理人员	生产人员	营销人员
福利费	福利费1												
	福利费2												
	……												
	小计												
补贴	补贴1												
	补贴2												
	……												
	小计												
教育经费	教育经费1												
	教育经费2												
	……												
	小计												
总计													

⑤ 工资发生调整。工会经费缴纳额度发生变化的科目，应按照比例进行调整，公式为

$$工会经费=(工资+奖金+补贴)×2\%$$

⑥ 汇总结果，得出年度人工成本预算情况，模板如表16-13所示。

表16-13　年度人工成本预算情况

个人信息								人工成本科目		
序号	所属系统	部门	科室	岗位名称	职级	调整后职级	调整时间	姓名	小计	工资 ……
1	管理人员	HR	培训部	经理			×月			
2	管理人员	……	……	……						
3										
……										
小计										

(5) 成本效率指标确定。确定人工成本年度预算后，我们需要结合业务量核算人工成本效率目标，并对不同类别的人工成本效率目标进行确定，具体核算规则如表16-14所示。

表16-14　人工成本效率指标核算规则

评价指标	指标定义
人事费用率	人工成本/销售收入
生产人员单台人工成本	生产人员成本/产量
营销人员单台人工成本	营销人员成本/销量
……	……

确定了人工成本效率目标后，需要对不同类别人员的人工成本效率目标是否合适进行验证。如发生偏差，需要进一步分析业务及人工成本情况是否存在问题并修正。

最后，汇总人力资源计划与预算并形成报告，组织会议评审。

16.4.2　人力资源逆向规划管理——效率目标的管理模式

效率目标管理模式是指公司自上而下制定未来1~3年的效率目标，由下级部门分解落实，并制定出人员规划与人工成本预算，最终指导执行，定期检查完成目标进展情况的一种管理方式。由此而产生的奖励或处罚则根据目标的完成情况来确定。

1. 效率目标管理模式的要素

(1) 企业战略目标确定。

(2) 人力资源战略目标确定。

(3) 确定人力资源效率目标。

(4) 确定人员的总量目标。

(5) 分解人员结构。

(6) 用投入产出目标确定人工成本总量。

(7) 根据总量目标分解人工成本结构。

(8) 用人工成本总量修正人员总量和结构。

(9) 上会评审并下发目标。

(10) 过程监控运行评价。

2. 效率目标管理模式应用步骤

效率目标管理模式主要用于同业务联系紧密的业务，根据未来几年的业务指标计划，以及绩效指标提升预期，核算相应的人员和人工成本。效率目标管理模式应用步骤如下所述。

(1) 首先确定企业战略方向和人力资源管理目标(同内外部环境变化中的商业模式)。

(2) 根据企业利润计划情况及业务指标增长要求，核算相应的人员效率指标提升幅度及相应的值。

(3) 依据业务未来几年的发展战略、市场地位，对标行业内标杆的效能指标，确定未来1～3年人均销量、人均销售收入等目标值，并考虑企业实际情况进行修正，如表16-15所示。

表16-15　绩效目标分析表

| 单位 | 年份 | 业务指标/万元 | | 绩效指标 |
		利润	收入	人员效率指标(劳动效率)
单位1	实际			
	计划			
	增幅			
单位2	实际			
	计划			
	增幅			
……	……			

(4) 根据业务指标计划及提升幅度，核算年度人员总量及结构。

根据业务指标及效率指标，核算年均人员总量、生产人员、营销人员，并计算管理人员指标，根据人员增减进度，核算年末人数。人员总量及结构目标模板如表16-16所示。

表16-16　人员总量及结构目标

| 年份 | 分类 | 人员情况 | | | |
		小计	管理人员	生产人员	营销人员
年度实际	年均				
	年末				
(N+1)年计划	年均				
	年末				
比实际	比年均				
	比年末				

(5) 根据成本效率指标，核算年度人工成本总额。

根据业务目标及效率目标，核算年度人工成本总额，并与同期进行对比，核算增幅。人工成本总量目标模板如表16-17所示。

表16-17　人工成本总量目标

| 单位 | 年份 | 业务指标/万元 | | 绩效指标 | 人工成本/万元 |
		利润	收入	成本效率指标(人事费用率)	
单位1	实际				
	计划				
	增幅				
单位2	实际				
	计划				
	增幅				
……	……				

(6) 根据人工成本总量目标，分解结构指标。

根据人工成本总量目标及薪酬福利政策，核算人工成本结构目标，如表16-18所示。

表16-18　人工成本结构目标

单位	人工成本/万元				
	小计	工资	奖金	补贴	……
单位1					
单位2					
单位3					
……					

(7) 根据人工成本目标，修正人员总量及结构。

根据人工成本目标和人员总量，核算人均人工成本同比是否下降。如果下降，需要调整步骤(4)中的人员总量，以保证人均人工成本不下降，从而保障薪酬竞争力。

16.4.3　混合管理模式

人力资源规划混合管理模式主要是根据企业战略模式、业务商业模式、业务所处的阶段而采用的正向规划和逆向规划相结合的一种预算管理模式，其具体实施应视业务实际而定，本章节不详细描述。

16.5　落实人力资源规划目标

人力资源规划编制完成后，企业需组织各单位进行评审，由人力资源部门组织论证，并将结果提报企业决策。决策后，企业需下发人力资源绩效年度目标，详见表16-19。

表16-19　××单位年度计划

指标		单位	目标
效率指标	劳动效率	万元/人	
	人事费用率	%	
人员	管理人员	人	
	生产人员	人	
	营销人员	人	
	小计	人	
人工成本	管理人员	万元	
	生产人员	万元	
	营销人员	万元	
	小计	万元	

年度目标下发后，企业需要组织各单位对人力资源指标进行月度分解落实，分月计划编制需要结合淡旺季业务发展趋势等实际情况，最终形成各单元月度人力资源绩效目标，如表16-20所示。

表16-20　××单位月度人力资源绩效指标

指标		单位	目标			
			1月	2月	3月	……
效率指标	劳动效率	万元/人				
	人事费用率	%				
人员	管理人员	人				
	生产人员	人				
	营销人员	人				
	小计	人				
人工成本	管理人员	万元				
	生产人员	万元				
	营销人员	万元				
	小计	万元				

分月计划编制完成后，企业需要制定配套管理方案。企业根据年度目标及管理方向，制定管理项目，并跟踪完成进度，保障年度目标完成，具体的管理项目模板如表16-21所示。

表16-21　人力资源规划管理项目

序号	项目名称	项目要求	项目内容	验收标准输出物	完成时间	责任人

第 *17* 章

人力资源规划运行绩效评价

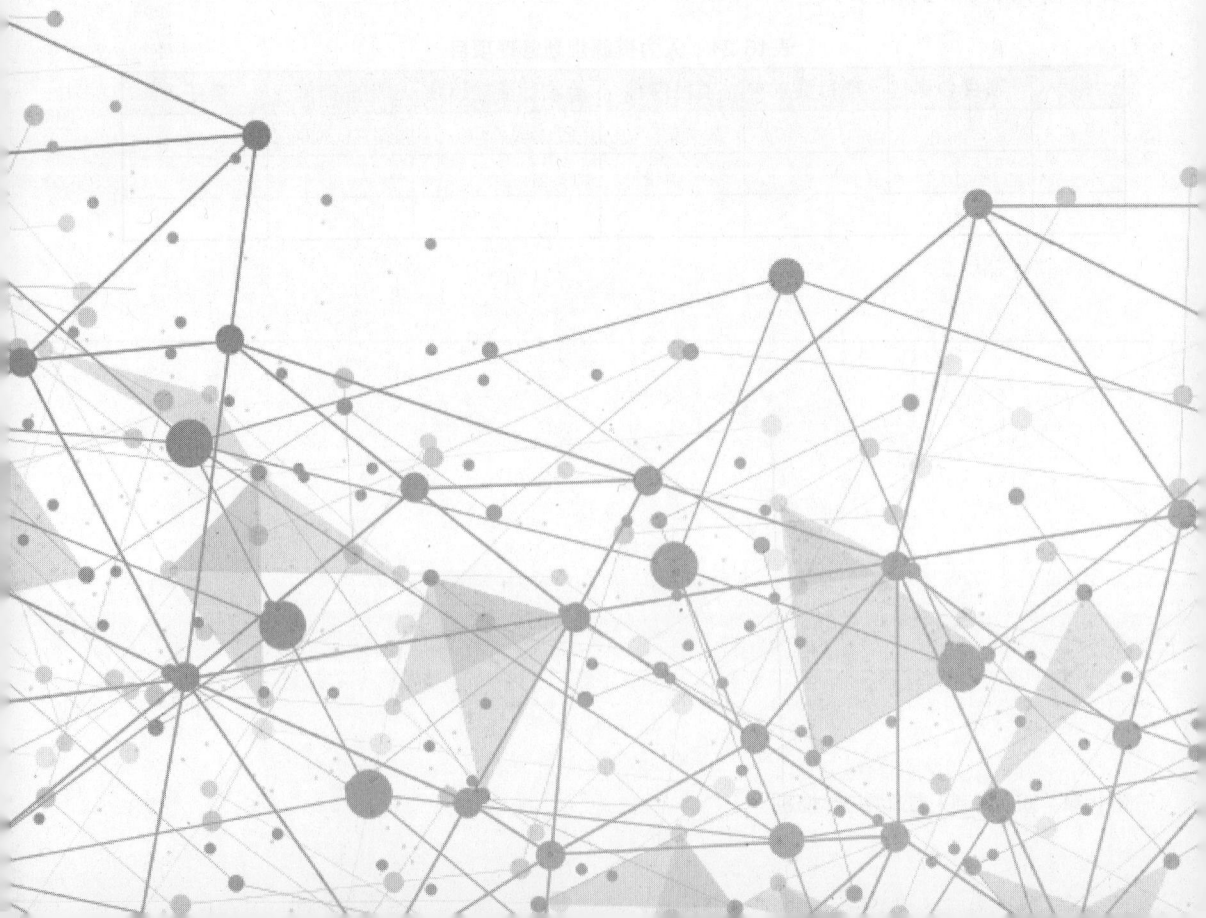

如何评价人力资源规划的质量，主要要看规划与运行结果的相符性。相符性越高，则规划工作质量越高。人力资源规划不科学可能导致资源过剩，造成浪费，或者导致资源不足，影响业务发展，甚至影响企业战略目标的实现，因此对人力资源规划绩效进行评价就显得非常重要。人力资源规划的运行绩效评价主要从人力资源规划与市场变化一致性、人力资源规划运行结果与预算相符性、人力资源规划激励考核与评价的落地性和绩效评价规范性4个维度来进行。

17.1 评估人力资源规划与市场变化的一致性

在评估人力资源规划与市场变化一致性评估时，我们能通过行业发展趋势、企业经营指标分析评估人力资源规划的发展性和竞争性，从而寻找与市场变化的差距，以便通过变革来提高能力、缩小差距，甚至赶超。

行业中比较常用的方法是用劳动效率、人均人工成本和人事费用率来构建两高一低的体系，评估结果和后续改进方向如表17-1所示。

表17-1　市场对比情况

指标	人事费用率/%	劳动效率/万元/人	人均薪酬/万元/人	评估结果	改进方向
行业水平	—	—	—	—	—
本企业	—	—	—	—	—
差值	—	—	—	—	—
对比结果	高	高	高	人员投入产出高，薪酬投入高，但是产出低；企业竞争力强	需要降低薪酬投入，保障企业效益
	低	低	低	人员投入高，产出低，薪酬投入低；企业竞争力弱	需要减少人员投入，增加薪酬投入
	高	低	高	人员和薪酬投入产出处于行业劣势；企业竞争力强	需要降低人员和薪酬投入，保障企业效益
	高	低	低	人员和薪酬投入产出处于行业劣势；企业竞争力弱	根据企业情况，调整管理模式

指标	人事费用率/%	劳动效率/万元/人	人均薪酬/万元/人	评估结果	改进方向
对比结果	低	高	高	人员和薪酬投入产出均处于行业优势；企业竞争力强	—
	低	高	低	人员和薪酬投入产出均处于行业优势；企业竞争力差，存在人员流失风险	增加企业高素质人才薪酬，避免关键人才流失

17.2 评估人力资源规划运行结果与预算的相符性

在评估人力资源规划运行结果与预算相符性时，我们能及时发现人力资源规划运行结果与预算的偏差，再针对具体问题进行具体分析，提出纠偏方案并实施。在实际管理中，我们按照发现问题、分析问题、解决问题的思路系统分析评价人力资源规划运行结果，如表17-2所示。

表17-2 人力资源规划运行结果与预算相符性评估体系

分析逻辑	工具及手段	详细评估项目
发现问题	加强基础数据管理	1. 年度、月度决算 2. 人工成本科目口径
	搭建监控报表体系	1. 搭建人员、人工成本及效率月度监控报表 2. 监控报表准确性审核
分析问题	人员配置合理性评估	1. 人员总体配制合理性 2. 变动人员随量配置情况 3. 项目管理人员参照项目进度配置情况 4. 固定人员结构优化置换情况
	人工成本配置合理性评估	1. 人员增减变化影响 2. 绩效系数影响 3. 业务量变化影响 4. 社保公积金缴纳率影响 5. 项目性费用影响 6. 发放政策规范性评估 7. 其他影响因素
解决问题	人工成本控制	投入产出水平评估
	人力价值提升	配置合理性评估
	人与组织契合度	管理模式、流程

17.2.1　人力资源规划基础数据信息评估

在评估人力资源规划运行结果时，首先需要有正确的基础数据信息作为保障，这样才能发现问题。基础数据信息包含两个方面的内容：基础信息规范管理和监控报表体系搭建。

1. 基础信息规范管理

基础信息规范管理要求对所有数据的内涵进行统一的规范和规定。简单来说，在人员方面，要对人员相关政策、规定、分类、计划规则进行整理整合，输出人员管理规范；在人工成本方面，要对人工成本相关制度、预算规则进行整理整合，输出人工成本科目管理规范。

2. 监控报表体系搭建

监控报表体系搭建是指构建对基础信息进行统计的统一模板，便于后续分析。

基础信息管理规划和监控报表体系搭建的目的是保障数据有效性，对于集团建制企业来说，这两项管理规范和报表模板尤其重要，能够将所有下属单位的数据包含在一个统一的分析逻辑之内。

17.2.2　人员配置合理性评估

人员配置合理性评估可从4个维度进行，分别是人员总体配置合理性评估、变动人员随量配置情况评估、业务人员项目进度合理性评估和固定人员优化置换评估。

1. 人员总体配置合理性评估

从不同细分类别人员的同比、环比、比计划等维度综合评估人员配置合理性，并对差异明显的系统进行单独分析，标注差异原因，如表17-3所示。

表17-3　人员总体配置合理性评估

指标	月末人数	管理人员					生产人员	营销人员
		小计	研发系统	信息技术系统	财务系统	……		
同期								
计划								
实际								
比计划								
同比								
环比								
原因说明								

2. 变动人员随量配置情况评估

对于变动人员，可依据其与业务量匹配情况进行评估，如表17-4所示。一般来说，若劳动效率趋势与业务量运行趋势基本一致，则说明人员随量匹配；若两者差异大，则需进步重点分析，明确人员变动未随业务量变化的情况。

表17-4 变动人员随量配置情况评估

单位	业务指标					人员情况					劳动效率				
	同期	计划	实际	比计划	同比	同期	计划	实际	比计划	同比	同期	计划	实际	比计划	同比
单位1															
单位2															
单位3															
……															
小计															

3. 业务人员项目进度合理性评估

对于项目业务人员(与项目进度及安排强相关的人员，如研发人员)，则需按照项目里程碑进行绩效分析，根据项目进度进行人员评估，具体如表17-5所示。

表17-5 业务人员项目进度合理性评估

项目描述		月份							
		1月	2月	……	6月	……	10月	11月	12月
业务计划	里程碑								
	里程碑描述	××产品概念开发阶段	××产品设计工程及开发阶段		××产品试制验证阶段		××产品试验验证阶段		产品公告
	增量	×人	×人		研发工程师×人		试制工人×人		
	实际								

4. 固定人员优化置换评估

对于成熟型业务，固定人员原则上应逐渐减少，人员应不断优化置换，如表17-6所示。

表17-6 人员优化置换评估

单位	同期	上月	计划	实际	置换				比计划	同比
					优进	劣出	离职	环比		
单位1										
单位2										
单位3										
……										
小计										

17.2.3　人工成本配置合理性评估

人工成本配置合理性评估可从人员增减变化、绩效系数、业务量、缴纳率、项目性费用等几个维度评估固定成本和项目性成本，如表17-7所示。

1. 人员增减变化

人员增减变化对固定成本和项目性成本均产生影响，具体影响科目有工资、社保费用、公积金费用、福利费、补贴。

2. 绩效系数

实际发放绩效往往不是1，所以实际发放系数会对工资产生影响。

3. 业务量

业务量变化会对加班费发放额度产生影响。例如，生产旺季业务量增加，将导致工人加班，则加班费增加。

4. 缴纳率

社保及公积金缴纳率和缴纳基数根据地方政策规定进行调整。例如，北京地区7月调整基数，则对社保公积金缴纳额度统一产生影响。

5. 项目性费用

项目性成本则根据薪酬福利政策调整，如本年度政策不发生变化，一般不会产生影响，则项目性成本仅受人员变动影响。

表17-7　人工成本配置合理性评估

分类	成本科目	人工成本情况			影响因素分析								
		N-1月	N月	环比	人员变化	工资				缴纳率/基数	项目性成本		
						标准工资	绩效系数	实发工资	差值	社保/公积金费用	项目激励	福利费用	教育经费	……
人员变化影响													
固定成本	定员性工资												
	加班费												
	社保费用												
	……												
	小计												
项目性成本	项目激励												
	福利费用												
	教育经费												
	……												
	小计												
合计													

17.2.4　人力资源绩效提升措施

对于人力资源绩效提升措施，一般从人工成本控制、人力价值提升和人与组织契合度3个维度进行分析。企业针对人员配置合理性和人工成本配置合理性评估结果，对问题业务进行剖析并制定改进措施，具体可以按照表17-8逐项进行，从组织结构、岗位编制、人才引进、绩效管理等各个小维度提出解决策略。

表17-8　人力资源解决方案

维度	HR业务	人力资源问题解决策略	问题点及描述					
			人力资源部评审			二级单位自评		
			问题严重程度	详细描述	解决方案	问题严重程度	详细描述	解决方案
人力成本控制	组织结构	组织发展的运营需求						
		管理需求						
		发展需求						
	岗位编制	总量与结构						
	薪资预算	薪资增长惯性、总体成本控制						
人力价值提升	人才引进规划	外部人才开发						
	人才培养和培训	内部人才开发						
		培养与激励机制						
	绩效管控	绩效目标设定						
		绩效考核及评估						
		绩效改善						
		绩效结果运用						
	人才激励	薪酬和福利设计						
		人才晋升和晋级						
		股权激励设计						
人与组织契合度	管理模式	组织的运营模式						
		管控模式						
		授权管理						
		内控管理						
	管理流程	流程构建						
		流程运行						
		流程改善						
	管理制度	管理方法						
		管理工具						
		管理数据						
		管理分析						

| 17.3 评估人力资源规划激励考核与评价的落地性 |

对人力资源绩效运行结果进行分析后，为了保障人力资源规划的权威性，一般都会对绩效结果进行激励考核，激励人力资源绩效运行结果好的单位，问责人力资源绩效运行差的单位。在实际操作中，具体可以依据月度评价、季度激励和年度追责的绩效管理体系，如表17-9所示，强调规划的严肃性、责任到人，以保证人力资源规划目标的实现。

表17-9　人力资源规划绩效评价规则

考核方式	评价方法	考核评价	结果应用	考核激励对象
年度问责	年度追责	完成利润目标的，不考核； 未完成利润目标，且未完成绩效目标，进行负激励	绩优评先： 先进激励、经验分享 绩差追责： 述职、降职、淘汰	人力资源总监 责任部长
季度激励	季度排名	季度排名，并激励人力资源绩效较好的单位 激励业务单位努力完成人力资源绩效		人力资源总监
月度评价	对比评价	月度对各业务部门的人力资源运行情况进行评价 找出问题，制定措施，以保证计划运行正常		人力资源总监

| 17.4 评估人力资源规划运行绩效评价的规范性 |

在人力资源规划运行绩效评价过程中，不可避免会受到外部环境的影响，尤其是一些不可抗力的因素影响。因此，在做绩效评价时，一方面要评价人力资源规划是否已经尽可能通过动态调整化解相关影响；另一方面也要去规范评价口径，剔除一些非预算口径的要素，这样的评价才符合常理。

人力资源规划绩效评价需要剔除的因素主要有以下几个。

1. 行业政策变化

行业政策变化包括前文提到的内外经营环境变化及其他政策调整后的影响。

2. 公司战略变化

公司战略变化包括公司总体战略、业务战略调整后对产品规划战略的影响，也包括公司重大组织模式、重大管理模式等调整后的影响。

3. 统计口径变化

统计口径变化包括销量、利润、计算周期、对比基准等因管理的需要进行调整而产生的影响。

合理、客观地剔除以上因素后，才能保证人力资源规划绩效评价的科学性，确保绩效结果得到有效认可和实际应用。

第 *18* 章

如何进行人力资源规划审计

为了保障人力资源体系的正常运行，企业一般都会进行不定期审计，人力资源规划审计的目的一般包括以下几个层次。

(1) 管理合法性，评价人力资源审计是否逾越红线。

(2) 制度完善性，评价人力资源流程和制度是否完善。

(3) 趋势符合性，评价人力资源审计是否符合市场规律。

(4) 价值导向性，评价人力资源规划是否产生价值。

(5) 目标符合性，评价人力资源是否完成预期目标。

18.1 人力资源管理是否合法合规

18.1.1 管理合法性的审计标准

人力资源管理合法性审计，是为了保障各业务部门人力资源管理遵守管理红线，不能逾越，保障各业务按照统一的规则运行。

18.1.2 管理合法性审计工具表

评价企业管理者对人力资源保值增值责任的履行情况，以及评估企业当前人力资源所必须具备的知识和技能时，可从人力资源业务职责及分工两方面进行，如表18-1所示。

表18-1 人力资源业务职责及分工

责任领导	职务	业务职责及分工	任职时间
××	××	主持经营管理全面工作； 负责组织与搭建流程体系、制定人才发展战略及核心岗位人才开发管理等工作； 批准下发人力资源规划与预算、干部与人才管理、任职资格、招聘计划、薪酬政策、员工及组织绩效、组织与流程评审优化等内容	
××	××	负责协助组织与流程体系建设、人力资源管理体系建设，分管人力资源部、管理推进部； 负责人力资源日常运营管理、人才开发与管理、薪酬福利与绩效管理、员工培训与培养、组织与流程开发管理等工作； 负责审定人力资源规划与预算、干部与人才管理、任职资格、招聘计划、薪酬政策、员工及组织绩效、组织与流程评审优化等内容	

责任领导	职务	业务职责及分工	任职时间
××	××	负责审核人力资源规划与预算、干部与人才管理、任职资格、招聘计划、薪酬政策、员工及组织绩效、组织与流程评审优化等内容	

18.2 人力资源制度建设是否完善

18.2.1 制度完善性的审计内容

对于人力资源制度建设完善性，主要审计是否有制度及相关制度是否符合集团统一规则及政策，具体包含以下两个方面的内容。

(1) 对企业人力资源管理活动是否符合国家法律法规进行监督。

(2) 对企业与人力资源管理有关的内部控制制度进行评价。

18.2.2 制度完善性审计工具表

评价企业人力资源管理活动是否符合国家法律法规以及评估相应内控制度，可从管理制度的完善性以及制度建设的符合性两方面进行，如表18-2所示。

表18-2 人力资源相关制度建设及执行情况

制度类型	制度名称	适用人员			差异		
		管理人员	营销人员	生产人员	是否需备案	是否备案	与集团对比差异点
薪酬			√		是	是	
人员			√		否	否	
绩效分配		√	√	√	是	否	
……							

18.3 人力资源趋势是否符合市场

18.3.1 市场规律符合性的审计内容

人力资源规划有一个重要目的，就是审计人力资源规划是否符合市场运行规律。通过分析市场上相关单位的数据，我们可以发现市场运行趋势，能明显看出企业在所处行业中的水平，进而通过调整，保障企业竞争力。审计人力资源是否符合市场规律时，可从以下两个维度进行。

(1) 人力资源效率指标发展进度是否与市场发展进度一致。

(2) 人力资源效率指标发展水平处于市场发展水平的哪个位置。

18.3.2 市场规律符合性分析工具表

1. 企业市场规律符合性分析表

通过上市公司年报等途径收集相关企业的数据信息，重点关注人均人工成本指标、人事费用率指标和劳动效率指标，具体如表18-3所示。

表18-3　企业市场规律符合性分析

企业类型	单位	人均人工成本				人事费用率				劳动效率			
		2016年	2017年	2018年	……	2016年	2017年	2018年	……	2016年	2017年	2018年	……
	单位1												
	单位2												
	单位3												
	……												
	行业水平												

2. 企业发展趋势与市场发展进度符合性分析

通过对各企业运行趋势与本单位运行趋势进行对比分析，得出企业发展情况是否跟上市场进度。以人均人工成本指标增长幅度为例，如表18-4所示。

表18-4　×单位历年人均人工成本增幅

单位	人均人工成本增幅			
	2015年	2016年	2017年	2018年
×单位				
行业平均				

根据人均人工成本增幅，绘制该单位人均人工成本与行业平均水平增幅的折线图，如图18-1所示。

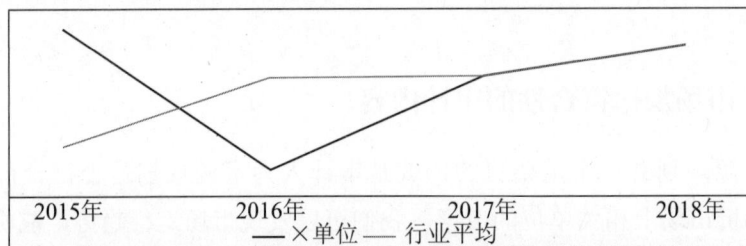

图18-1　×单位历年人均人工成本增幅折线图

通过折线图可以看出，2015年×单位人均人工成本增幅高于行业平均水平；2016年×单位人均人工成本增幅低于行业水平；2017年、2018年人均人工成本增幅与行业平均水平基本持平。

3. 企业所处市场地位分析

分析相关单位年度指标数据，可以得出企业所处市场地位。以人事费用率指标为例，如表18-5所示。

表18-5　××××年度人事费用率指标市场规律分析

单位	××××年度
单位1	
单位2	
单位3	
……	
行业平均	

根据表18-5，可绘制该单位××××年度市场规律分析柱形图，如图18-2所示。

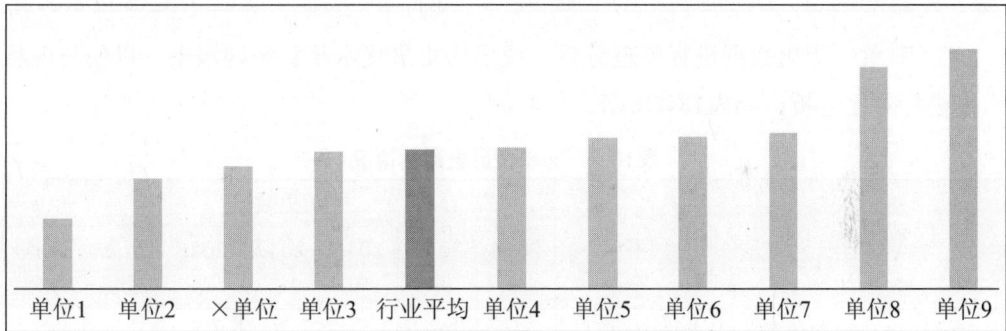

图18-2　×单位人事费用率指标市场规律分析柱形图

18.4　人力资源规划是否产生价值

18.4.1　价值导向性的审计标准

企业通过评估人力资源发展是否符合历史趋势，通过对比历史最优水平和平均水平，评估企业是否处于不断发展的趋势，进而判断人力资源规划是否产生价值，具体包括以下方面。

(1) 通过对比企业业务变化情况，得出是否存在口径差异，是否具有可比性。

(2) 通过对比企业现在发展水平是否优于企业平均发展水平甚至优于最优水平，评估企业人力资源规划是否存在价值。

18.4.2　价值导向性审计工具表

(1) 首先对×单位业务调整情况进行分析汇总，分析该单位当前业务类型与过去相比发生了哪些变化，在业务变动不大的情况下，指标才具有可比性；反之，则不能简单对比，需要还原到同一口径下进行对比分析。业务调整情况如表18-6所示。

表18-6　×单位业务调整情况

序号	业务调整类型	业务调整说明	日期
1	业务新增		
2	业务优化		
3	业务整合		
……	……		

(2) 对单位历史数据进行整理分析，找出历史最优水平和平均水平，以便与现状水平进行对比分析，如表18-7所示。

表18-7　×单位历史数据情况

指标		单位	历史数据						
			2014年	2015年	2016年	2017年	2018年	历史最优	平均水平
效率指标	劳动效率	万元/人							
	人事费用率	%							
总量指标	人员总量	人							
	薪酬总额	万元							
水平指标	人均薪酬	万元/人							
	……								

(3) 分析现状水平—历史水平—平均水平之间的差异，了解企业发展现状与历史差异，进而得出该企业发展规划的价值，如表18-8所示。

表18-8 ×单位发展趋势

指标		单位	历史情况		现状		
			历史最优	平均水平	现状	比历史	比最优
效率指标	劳动效率	万元/人					
	人事费用率	%					
总量指标	人员总量	人					
	薪酬总额	万元					
水平指标	人均薪酬	万元/人					
	......						

18.5 运行结果是否达成预期目标

18.5.1 目标符合性的审计内容

对于人力资源管理目标的符合性,主要从人力资源管理活动对企业人力资源管理的经济性、效率性和收益性三方面进行评价。

18.5.2 目标符合性审计工作表

1. 指标达成度评估

指标达成度评估是通过对该单位现状与规划目标和同期进行对比分析,进而评估当前状态的发展情况及控制情况,具体如表18-9所示。

表18-9 人力资源绩效达成情况

序号	项目	评价指标	单位	计划	实际	差异		同期	同比
						差值	差幅		
1	业务指标	业务利润	万元						
2		销量	台						
3		销售收入	万元						
4	效率指标	劳动效率	万元/人						
5		人事费用率	%						
6	总量指标	人员	人						
7		人工成本	万元						

2. 人员目标真实性评估

人员目标真实性评估主要从两个维度进行：人员数据真实性以及不同人员类别数据真实性。

通过人员总量数据评估数据真实性，对不同类别人员进行评估，具体如表18-10所示。

表18-10　人员总量数据真实性评估

月份	发工资人数	花名册人数	在岗人数			不在岗在册人数	在岗与发工资人数差值
			小计	在岗在册	在岗不在册		
1							
2							
3							
……							
12							

企业还可通过人员进出途径评估数据真实性，具体如表18-11所示。

表18-11　人员进出途径数据真实性

月份	花名册人数	人员进出途径							环比
		小计	本月进入			本月流出			
			社会招聘	校园招聘	……	自然减员	其他减员	……	
1									
2									
3									
……									
12									

3. 人员与人工成本数据一致性

人员与人工成本数据一致性评估主要从两个维度进行：人工成本数据一致性、人员与人工成本政策合规性。

1) 人工成本数据一致性

对于人工成本数据一致性评估主要看人工成本统计数据与财务会计凭证数据是否符合，对不同类别人员及不同人工成本科目进行具体评估，具体如表18-12所示。

表18-12　人工成本数据一致性评估

单位	来源	×年度					
		1月	2月	……	11月	12月	年度
×单位	统计台账						
	会计凭证						
	比统计台账						

2) 人员与人工成本政策合规性

对于人工成本政策合规性评估主要从政策标准与实际发放的差异性两方面进行，具体如表18-13所示。

表18-13　人工成本执行性评估

人员类别	工资/万元				奖金/万元		合计							
	标准总额	实际兑现			标准总额	实际兑现	总额/万元				人均/万元/人			
		总额	其中				标准	实际	差值	差幅	标准	实际	差值	差幅
			绩效影响	专项激励										
管理人员														
营销人员														
生产人员														
合计														

18.6　案例：人力资源审计报告

一、审计目的

对×单位人力资源管理合法性、制度完善性、趋势符合性、价值导向性、目标符合性进行审计。

二、审计时间

××××年×月×日—××××年×月×日

三、审计地点

×会议室、×现场。

四、审计组成员

人力资源部：××等×人。

财务管理部：××等×人。

××部：××等×人。

……

五、审计内容

1. 人力资源组织管理及职责分工情况

2. 人力资源管理制度建设情况

3. 人员及人工成本数据真实性情况

4.……

六、审计结果

1. 组织管理及职责分工存在问题及建议

1) 问题

(1) 人力资源业务在组织上隶属×部，由×直管，但人力资源业务由×直管。从职责分工上来看，人力资源业务存在职责分工不明、管理沟通不畅的问题。

(2) 人力资源业务在组织层面设置一个人力资源科，其隶属×部，对整体人力资源管理的支撑不足。

(3)……

2) 建议

(1) 建议在适当时机将人力资源业务进行整合，具体包括……及其他人力资源业务，成立人力资源部。

(2)……

2. 人力资源相关制度流程存在问题及建议

1) 问题

(1) 各类人员制度基本健全，但……与集团指导原则存在一定差异，且未报集团备案评审。

(2)……

2) 建议

(1) 建议重新修订管理办法，报集团评审后严格执行。

(2) 建议全面梳理……

3. 人工成本运行情况存在问题及建议

……

七、具体审计情况

1. 人力资源业务组织及职责分工

×单位未单独设立人力资源部，……，详见表18-14。

表18-14 人力资源业务组织及职责分工

人员	职务	管理职责(人力资源业务)	任命时间
		主持……	职务任命自××××年×月×日生效
		协助负责……	职务任命自××××年×月×日生效
		负责……	职务任命自××××年×月×日生效

2. 人力资源相关制度建设及执行情况

相关制度基本完善，按照……，详见表18-15。

表18-15　人力资源相关制度建设及执行情况

制度类型	制度名称	适用人员			差异		
		管理人员	营销人员	生产人员	是否需备案	是否备案	与集团对比差异点
薪酬			√		是	是	
人员			√		否	否	
绩效分配		√	√	√	是	否	
……							

3. ……

4. ……

5. 人力资源运行结果是否达成预期目标

1) 指标达成情况

从业务指标看，……；从效率指标看，……；从总量指标看，……，详见表18-16。

表18-16　人力资源指标达成情况

序号	项目	评价指标	单位	计划	实际	差异		同期	同比
						差值	差幅		
1	业务指标	业务利润	万元						
2		销量	台						
3		销售收入	万元						
4	效率指标	劳动效率	万元/人						
5		人事费用率	%						
6	总量指标	人员	人						
7		人工成本	万元						

2) 人员目标真实性

人员数据真实性，具体包括两个方面。

(1) 人员整体数据真实性。从人员总量运行数据来看，……，详见表18-17。

表18-17　人员总量运行数据真实性评估

月份	发工资人数	花名册人数	在岗人数			不在岗在册人数	在岗与发工资人数差值
			小计	在岗在册	在岗不在册		
1月							
2月							
3月							
……							

从人员进出途径运行数据来看，……，详见表18-18。

表18-18　人员进出途径运行数据

月份	花名册人数	人员进出途径							环比
		小计	本月进入			本月流出			
			社会招聘	校园招聘	……	自然减员	其他减员	……	
1月									
2月									
3月									
……									

(2) 不同人员类别数据真实性。管理人员与人员整体数据真实性评估一致；……

3) 人员与人工成本数据一致性

(1) 人工成本数据一致性，具体包括两个方面。

① 人工成本整体数据一致性。从人工成本总额运行数据来看……，详见表18-19。

表18-19　人工成本总额运行数据

单位	来源	××××年度				
		1月	2月	……	12月	年度
×单位	统计台账					
	会计凭证					
	对比统计台账					

② 不同类别人员人工成本数据一致性：管理人员人工成本与人工成本整体数据真实性评估一致；……

(2) 人员及人工成本政策合规性，即评估其执行性。

① 人员执行情况，具体包括以下几种情况。

a. 合同工进出途径。从合同工进出途径来看，校园招聘，……；社会招聘，……；内部流动，……

b. 劳务派遣。从劳务派遣相关材料看，……，详见表18-20。

表18-20　劳务派遣相关资料

公司名称	工种	与合同工工资差幅	合同期限	有无资质
×劳务派遣公司	中高级工	×%	××××-×-×-××××—×-×	代加工资质，无派遣资质
×劳务派遣公司	中高级工	×%	××××-×-×-××××—×-×	代加工资质，无派遣资质
×劳务派遣公司	初级工	×%	××××-×-×-××××—×-×	有派遣资质
……				

c. 其他用工形式。

② 人工成本执行情况，具体包括以下几种情况。

a. 工资发放执行情况；政策方面，……；发放方面：……，详见表18-21。

表18-21　工资发放执行情况

人员类别	工资/万元							
	总额/万元				人均/万元/人			
	标准	实际	差值	差幅	标准	实际	差值	差幅
管理人员								
营销人员								
生产人员								
合计								

2月份和6月份实际发放低于标准值，其余月份实际发放高于标准值，详见图18-3。

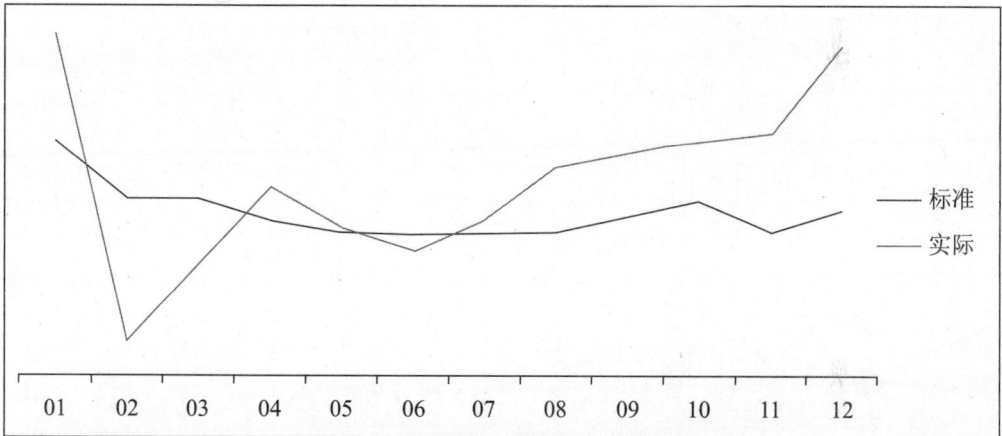

图18-3　工资实际发放与标准值比较

b. 福利费发放情况；政策方面：……；发放方面：……

c. ……

第*19*章

编制人才发展规划模板与方法

当今企业间的竞争，归根结底是人才的竞争。企业人才队伍数量的多少、人才队伍素质的高低关系企业的兴衰成败。在企业管理中，可把员工粗略地分为4种人才，即高层人才、中层人才、基层人才和普通人才。其中，高层人员的需求相对较少，但人员的招聘和培养最为困难；中层及基层的人才需求较多，人员的招聘和培养较为简单。人力资源部门的一项重要责任就是设法通过招聘和培养，将中层人员培养成高级人才。因此，在人力资源规划中，人才发展计划是重要的组成部分。

| 19.1 编制人才发展计划模板与方法 |

人才发展计划主要用于评价现岗位人才的领导力、专业力，了解人才的胜岗能力，人才发展计划过程如图19-1所示。人才考核评价机制以业绩为标准，由品德、知识、能力等要素构成人才评价体系；注重通过实践检验人才，以素质论高低、以能力比强弱、以业绩定优劣，提高人才评价的科学水平。

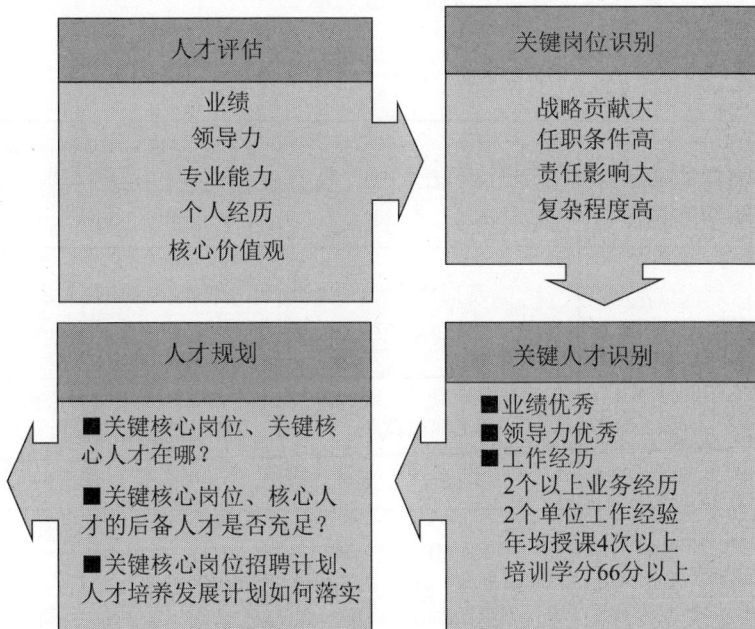

```
┌─────────────────┐          ┌─────────────────┐
│    人才评估      │          │   关键岗位识别   │
├─────────────────┤          ├─────────────────┤
│     业绩          │  ====>   │   战略贡献大      │
│     领导力        │          │   任职条件高      │
│     专业能力      │          │   责任影响大      │
│     个人经历      │          │   复杂程度高      │
│     核心价值观    │          │                  │
└─────────────────┘          └─────────────────┘
                                       ║
                                       ▼
┌─────────────────┐          ┌─────────────────┐
│    人才规划      │          │   关键人才识别   │
├─────────────────┤          ├─────────────────┤
│ ■关键核心岗位、关键核 │  <==  │ ■业绩优秀         │
│  心人才在哪？      │          │ ■领导力优秀       │
│ ■关键核心岗位、核心人 │        │ ■工作经历         │
│  才的后备人才是否充足？│       │  2个以上业务经历   │
│ ■关键核心岗位招聘计划、│       │  2个单位工作经验   │
│  人才培养发展计划如何落实│     │  年均授课4次以上   │
│                  │          │  培训学分66分以上  │
└─────────────────┘          └─────────────────┘
```

图19-1 人才发展计划过程

19.1.1 关键人才的评估和识别

各单位员工的业绩由上级领导评价，由人力资源部统一汇总分析，并采用"九宫格(见图19-2)"计算通过360度评价法得到的领导力/专业力评分，可得出岗位胜任能力，结果分为3类，即优秀、合格、有差距。

领导力/专业力			
	有差距：×××	优秀：×××	优秀：×××
	有差距：×××	合格：×××	优秀：×××
	有差距：×××	有差距：×××	合格：×××
	有差距	合格	优秀 业绩

图19-2 人才管理九宫格

可进一步结合胜任力和潜力的评价结果，按照九宫格规则(见图19-3)得出各单位人才分布情况，输出纳入后备人才库人员名单。

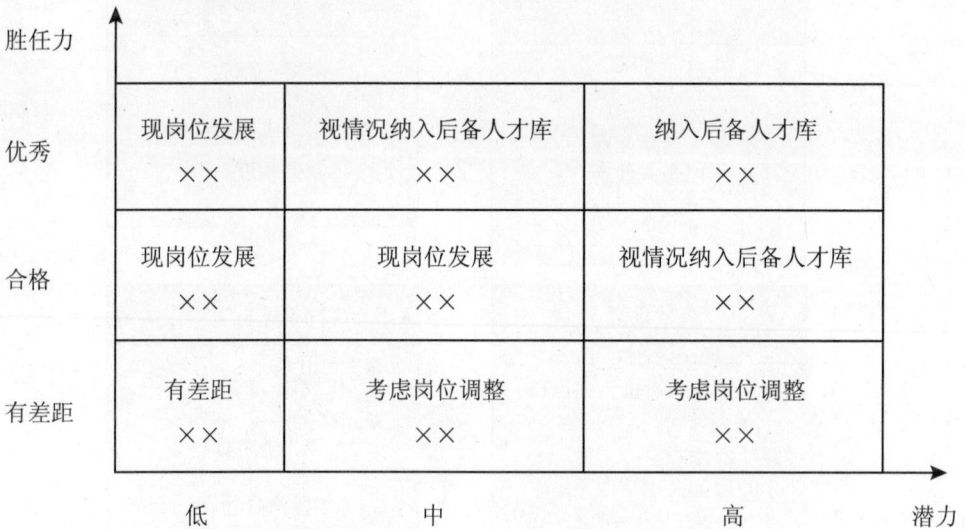

胜任力	低	中	高 潜力
优秀	现岗位发展 ××	视情况纳入后备人才库 ××	纳入后备人才库 ××
合格	现岗位发展 ××	现岗位发展 ××	视情况纳入后备人才库 ××
有差距	有差距 ××	考虑岗位调整 ××	考虑岗位调整 ××

图19-3 后备人才输出规则

将人才考评的胜任力结果与纳入后备人才库结果进行统计汇总，对考评结果(见表19-1)为"优秀"的人才给予晋升或涨薪等激励。

表19-1 考评结果汇总表

部门	姓名	岗位	业绩	领导力/专业力	综合结果	是否直接晋升	是否纳入后备人才库	是否调换

19.1.2 关键人才培养和成长

关键人才培养和成长流程如图19-4所示。

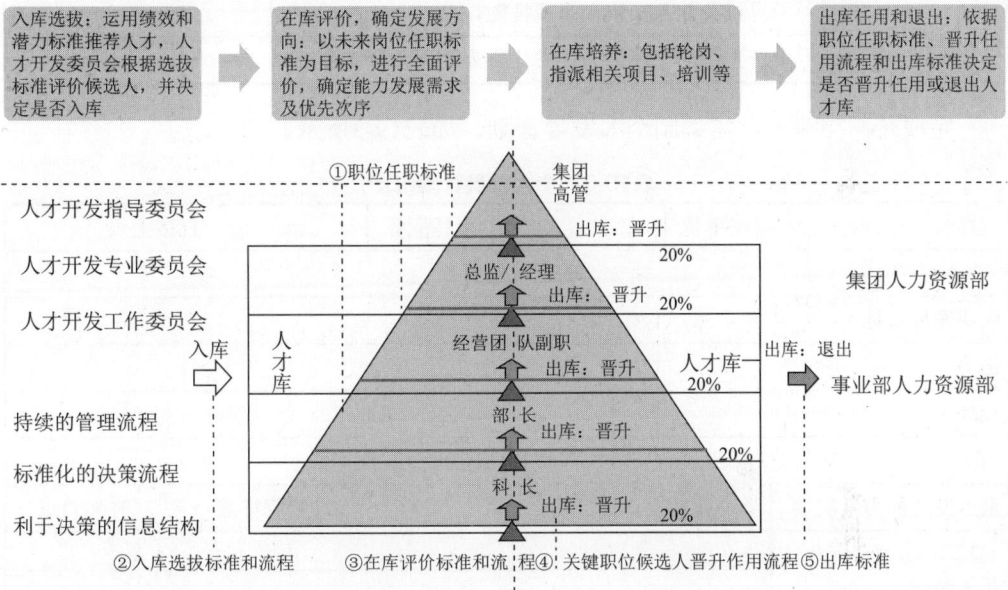

图19-4 关键人才培养和成长流程

通过人才评估发现20%的高潜优秀人才，将这些人才输入人才库中，进行入库、在库和出库管理；在库期间重点关注后备人才的培养，并输出培养计划，包括培训、轮岗交流、指派相关项目和晋升等；针对关键岗位推进继任计划(至少1:1)，管理者不仅要关注第一梯队，还要关注第二、三梯队的培养，保障关键岗位上的关键人才的数量和质量。

具体实施时，可建立干部轮岗交流机制，基于各级干部岗位经验要求、干部考评和干部任职期，开展干部交流，拓展干部业务面，弥补能力短板，培养具有在总部、事业部任职经历和相关专业经历的综合型管理人才。某集团轮岗交流体系如表19-2所示。

表19-2 某集团轮岗交流体系

项目	具体内容
1. 交流计划指标	• 确定各单位交流岗位指标
2. 交流形式	• 岗位轮换：一对一轮换，单向轮换
	• 兼职交流
3. 交流周期	• 定期交流：公司每年3—4月份例行牵头组织一次员工交流工作，交流期限原则上为1~3年，即最短期限为1年，最长期限为3年
	• 不定期交流：除集团牵头组织的交流工作计划外，各单位可采用不定期交流的方式，由各单位自行制订交流计划，每月25日前报人力资源部门备案
4. 交流内容	• 学习相关业务知识和管理技能
	• 学习先进的管理理念、文化、流程体系和实践经验

完成轮岗交流后，需编制个人发展计划。如表19-3所示。

表19-3 个人发展计划(IDP)

姓名		所在单位		现任职务		直接上级	
职业发展目标							
职业发展目标							
优势							
挑战							
具体行动计划							
重点发展能力素质项	学习和发展计划活动				验收标准		时间节点
业务绩效							
领导力							
团队建设							
需要公司提供的支持							
签署计划							
以上内容经过充分沟通，已达成共识，我同意这个发展计划	本人签名：			直接上级签名：			
	日期：			日期：			

200　　　　　　　　　　上承战略　下接数据——人力资源规划从入门到精通 |

编制人才发展计划可为企业的发展寻找充足的源头活水。只有完成现有人员人岗匹配分析、招聘计划、培训计划、管理计划，才能切实推进人才发展计划工作。

|19.2 编制人才招聘计划模板与方法|

人才招聘分为内部招聘和外部招聘两种形式。内部招聘是以晋升、轮换、重聘、调配等方法从内部选择人才的招聘形式。外部招聘则是以提升业务能力、突破业务能力瓶颈、提升业务绩效为出发点，有针对性地进行对口招聘，以快速实现公司战略所需的人才储备。企业应根据以上定位及人才发展需求和定员计划，编制人才招聘计划。以下为实操中涉及的相关模板。

1. 业务战略解读模板(见图19-5)

业务战略			
业务规划目标	××××年	××××年	××××年

图19-5　业务战略解读模板

2. 业务运营绩效评价模板(见图19-6)

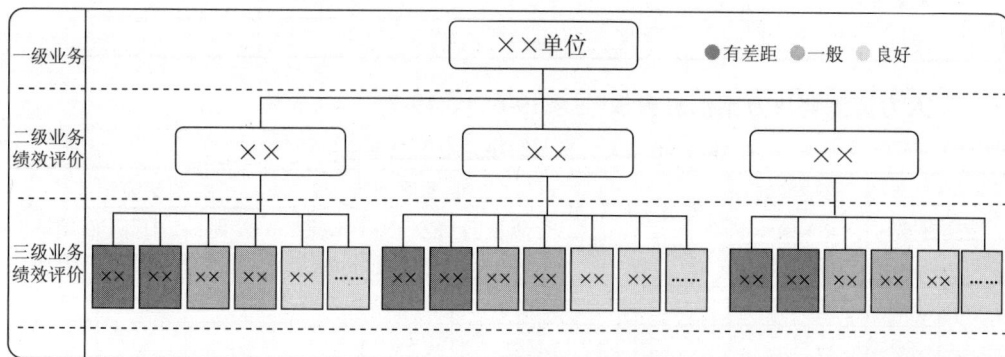

图19-6　业务运营绩效评价模板

3. 业务瓶颈问题分析模板(见表19-4)

表19-4　业务瓶颈分析模板

业务分类		岗位职数(××××年定员)	现员总量	数量差异	匹配度评价			解决方案		
					总量匹配度	胜任力达标度	综合评价	外部招聘	内部调配	培训方向
××业务	××									
	××									
	××									
××业务	××									
	××									
	××									
	××									
××业务	××									
	××									
	××									

4. 人力资源解决方案模板(见表19-5)

表19-5　人力资源解决方案模板

业务分类	关键业务识别	业务评价(红黄绿灯)	瓶颈问题分析
××业务	××		
	××		
	××		
	××		
××业务	××		
	××		
	××		
	××		
××业务	××		
	××		
	××		

5. 人力资源解决方案汇总模板(见表19-6、表19-7)

表19-6　人力资源解决方案汇总模板(一)

业务分类		岗位职数(××××年定员)	现员总量	数量差异	匹配度评价			解决方案		
					总量匹配度	胜任力达标度	综合评价	外部招聘	内部调配	培训方向
××业务	××									
	××									
	××									

(续表)

业务分类		岗位职数(××××年定员)	现员总量	数量差异	匹配度评价			解决方案		
					总量匹配度	胜任力达标度	综合评价	外部招聘	内部调配	培训方向
××业务	××									
	××									
	××									
	××									
××业务	××									
	××									
	××									

表19-7 人力资源解决方案汇总模板(二)

职类	年度招聘计划				按岗位层级划分						
	合计	关键核心	专家级	中基层	专家级人才			中基层社会人才			
					××级	××级	××级	××级	××级	××级	××级
××											
	0	0	0	0	0	0	0	0	0	0	0
××											
	0	0	0	0	0	0	0	0	0	0	0
××											
	0	0	0	0	0	0	0	0	0	0	0
合计											

6. 关键能力瓶颈人才发展策略模板(见表19-8)

表19-8 关键能力瓶颈人才发展策略模板

业务类型	总量与结构	外部招聘	内部调配	培训方向	培训项目
××					
××					
××					

7. ××××年社会人才招聘计划总体情况(略)

8. 计划汇总模板(见表19-9)

表19-9　计划汇总模板

业务 定位	瓶颈 业务	岗位 名称	部门	系统	岗位 职责	岗位 层次	需求 数量	基本素 质要求	到位 时间	招聘 渠道
××										
××										
××										
××										

9. 招聘岗位架构(见图19-7)

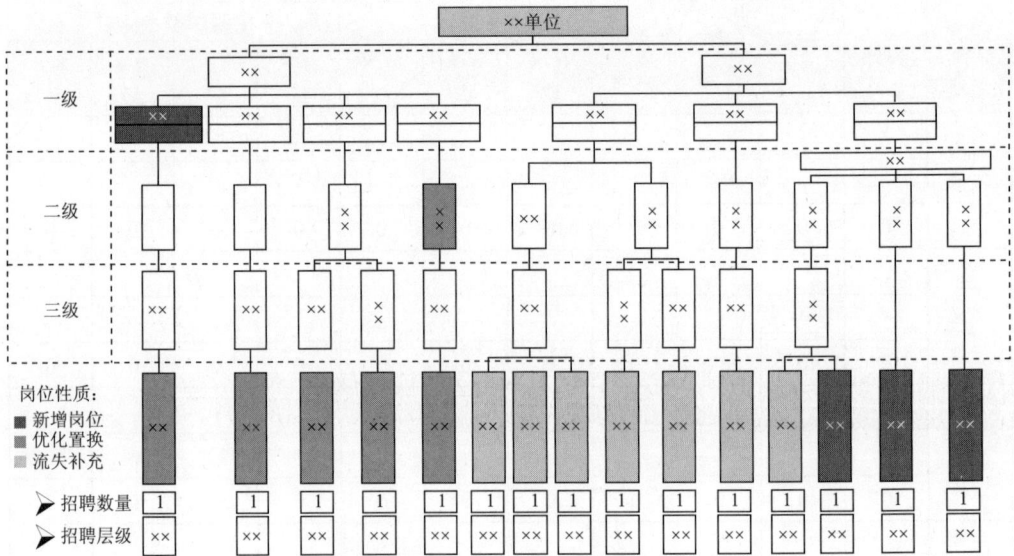

图19-7　招聘岗位架构

19.3　编制员工培训计划模板与方法

19.3.1　培训计划编制

1. 培训计划编制原则

在编制培训计划时, 我们应把握以下7项原则。

(1) 需求来源于调查原则。编制培训计划前必须进行培训需求调查。

(2) 培训效果考核原则。提高培训效率要有相应的手段和措施。

(3) 更多参与原则。培训计划要全面覆盖各个层次的培训对象。

(4) 培训对象差异化原则。在计划编制过程中，应考虑设计不同的学习方式来适应员工的需要和个体差异。

(5) "好看有用"原则。培训计划必须以公司经营为出发点，"好看"更要"有用"。

(6) 尽力获取支持原则。尽可能多地争取公司最高管理层和各业务部门的承诺及足够的资源来支持培训计划的落地实施，尤其是对学员培训时间的承诺。

(7) 注重细节、注重内容、注重实用性。细节决定成败，注重培训过程细节。

2. 培训计划编制流程

在编制培训计划时，我们应重视流程管理，如图19-8所示。

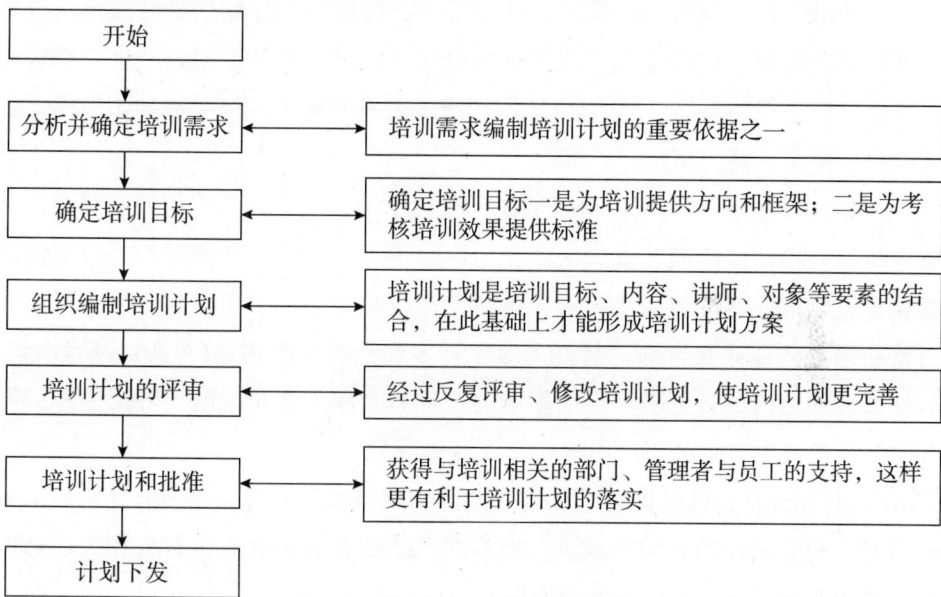

图19-8 培训计划的编制流程

此外，年度培训计划的制订步骤可以根据公司具体情况来定。

3. 编制培训计划需考虑的问题

(1) 确认培训与人才发展预算。编制培训计划工作的最佳起点是确认公司有多少预算用于培训和人才发展。在不确定是否有足够的经费支持的情况下，编制任何培训计划都是没有意义的。培训预算通常是由公司管理层决定的，但是HR应该向管理层提供培训投资"建议书",说明公司为什么应该花钱培训,以及公司将得到什么回报。在不同行业,公司培训预算的差异可能很大。HR的工作目标是使培训预算被有效地使用,并给公司带来效益回报。

(2) 分析员工评价数据(内容不符)。公司的评价体系应要求员工讨论个人的培训需求,如果达不到这一点,说明评价体系不够科学,需要改善,因为这是关于"谁还需要培训什么"的主要信息来源。当然,公司也可以为了实施新的质量体系而进行全员培训。HR的职责是负责收集所有的培训需求,结合业务发展现状,为业务部门提出建议,指出目前什么类型的培训适合员工。

(3) 编制课程需求清单。根据公司培训需求,编制课程需求清单,其涵盖匹配培训需求的所有种类的培训课程。这可能是一个很长的清单,包含针对少数员工的个性化培训需求(甚至是单独的个人),也包含许多人都想参加的共性化培训需求。

(4) 修订符合预算的清单。在实践中,经常会出现总培训需求量超出培训预算的情况,此时,我们需要进行排序,决定将什么课程列入计划。最好的办法是与部门经理探讨,听取他们的意见,明确哪些课程可能对参训员工绩效产生最积极的影响,进而提升公司的总体业绩。HR还应考虑是否有其他方式来完成知识传递,例如通过岗位传帮带、轮岗实现。

(5) 确定培训供应商。明确最终版的课程清单后,接下来我们需要明确通过何种渠道寻找这些培训供应商。首先决定使用内部讲师还是聘请外部讲师。内部讲师更了解业务且成本较低,但当从内部无法找到讲授某个课程的专家时,人力资源管理部门就必须从外部寻找讲师。另外,对于许多类型的管理培训(尤其是高管培训)来说,外部讲师比内部讲师有更大的影响力,这就是我们通常说的"外来的和尚好念经"。这样说并不一定公平,但确实存在这种现象。

(6) 编制和分发开课时间表。人力资源部门应该编制一份包含所有计划培训的开课时间表,列明开课的时间和地点。通常的做法是首先制作一本包含相关信息的小册子,例如课程描述,然后分发给所有部门以供员工参考。

(7) 为培训安排后勤保障。培训后勤保障包括确保场地、学员住宿和所有的设备和设施能正常使用,如活动挂图、记号笔、投影机等,还需准备参训者使用的教材。这些后勤保障都是培训的一般内容,但最易出错。

(8) 安排课程对应的参训人员。安排课程对应的参训人员看似简单,但执行过程中也可能存在困难。我们要告知参训人员预订的培训地点、培训时间,也许还要建议他们带上电脑或在培训前完成一份问卷。公司通常提前2~3个月通知员工培训报名，以便参训人员可以安排好他们的时间。常见的情况是，会有一些参训者在最后一刻取消报名(通常是由于工作压力)，所以要有备选学员来填补空余的培训名额。

(9) 分析课后评估，并据此采取行动。公司都希望培训投资能产生最大效益，因此，我们应该评估培训成果。最常见的方式是让参训者在课后填写课程评估表，对讲师的授课质量进行评价。如果这门课持续得到好评，则代表这门课程取得了成果；如果有持续劣评的课程，人力资源管理部门就要利用这些课后评估的数据改变课程(内容、授课时间或主持人等)，通过优化课程来提升参训人员的业务水平。此外，还可通过举行培训小结会的方式来评价课程，由参训人员反馈他们将如何在工作中运用所学知识，这是一种非常有效的方法。

19.3.2　培训计划编制模板

培训计划编制模板如表19-10、表19-11、表19-12所示，仅供参考。

表19-10　培训计划(一)

日期	培训部门	培训内容	培训对象	参训人数	培训机构	培训方式	培训地点	讲师	预算
编制：　　　　审核：　　　　批准：									

表19-11　培训计划(二)

序号	培训课程	预定培训月份									培训对象	讲师	地点	预算
		1	2	3	4	5	6	……	11	12				

表19-12　××公司年度培训计划

时间(月)	类别	培训项目	主讲人	培训对象	课时	地点
1	管理类	公司规章重复	人力资源部经理	全体员工	5H	部门
2		员工行为规范	人力资源部经理	全体员工	5H	部门
3		目标管理	讲师	主管级以上	5H	培训室
4	专业类	5S	副总经理	质量部人员	7H	培训室
5	通用类	公司规章重复	人力资源部经理	全体员工	5H	部门
6		沟通技巧	外聘讲师	经理级以下	6H	培训室
……						

19.3.3 案例：××公司年度培训计划方案

一、封面

本部分包括名称、编制部门、编制日期以及审核部门。

二、目录

三、正文部分

(一) 计划概要

本计划主要内容包括××××年度培训工作具体内容、时间安排和费用预算等。编制本计划的目的在于加强培训教育工作的管理，提高培训工作的计划性、有效性和针对性，使培训工作能够有效地促进公司经营目标的达成。

(二) 计划依据

编制本培训计划的依据有能力素质模型、公司重点战略课题、最新培训需求等。

(三) 培训工作的原则、方针、要求

1. 培训原则

(1) 内培为主、外培为辅。

(2) 各部门通力协作。

2. 培训方针

以"专业、敬业、服务、创新"的企业文化为基础，以提高员工实际岗位技能和工作绩效为重点，建立"全面培训与重点培训相结合、自我培训与讲授培训相结合、岗位培训与专业培训相结合"的全员培训机制，以促进员工发展和企业整体竞争力的提升。

3. 培训要求

(1) 满足公司未来业务发展需要。

(2) 满足中层管理人员以及后备人员的发展需要。

(3) 满足企业内部培训系统发展和完善需要。

(四) 培训目标

1. 培训体系目标和培训时间目标

2. 培训内容和课程目标

3. 培训队伍建设目标

(五) 培训体系建设任务

(六) ××××年培训课程计划

(七) 重点培训项目

(八) 培训费用预算

(九) 计划控制

四、附录

第 *20* 章

人力资源统计管理工具与方法

20.1 人力资源统计知识概述

20.1.1 人力资源统计的基本概念

1. 人力资源和人力资本

1) 人力资源和人力资本的概念

人力资源一般是指能够从事生产活动的体力和脑力劳动者，通俗地说，就是人。把"人"看作一种资源，是现代人事管理的一个创新。

人力资本是通过对人力资源进行投资所形成的一种资本。人力资本体现为劳动者后天获得的以其数量和质量来衡量的知识、技能、智能以及体能等因素。这些因素影响劳动者的生产效率。人力资本的形成是通过投资实现的，这种投资活动包括正规学校教育、在职培训、医疗保健、迁移和寻找有关价格与收入信息活动等多种形式。

2) 人力资源和人力资本的关系

我们可以把人力资源看作人的实物形态，把人力资本看作人的价值形态。每一个人都是人力资源，在统计上，无论是企业还是国家，对人力资源可以自然单位如人、万人等表示。每一个人都拥有人力资本。

2. 人力资源统计

人力资源统计泛指人力资源统计资料、人力资源统计工作和人力资源统计学。

1) 人力资源统计资料

人力资源统计资料是指在一定时间、空间、条件下人力资源的数量表现。

2) 人力资源统计工作

人力资源统计工作是指人力资源统计人员对人力资源统计资料的统计调查、统计整理、统计分析活动。通常把从事人力资源统计工作的人员称为人力资源统计专家或人力资源统计员。人力资源统计人员从事人力资源统计工作的成果被称为人力资源统计资料。

人力资源统计调查就是根据一定的目的，通过科学的调查方法，收集人力资源实际资料的活动。人力资源统计整理是对调查来的大量人力资源统计资料进行加工整理、汇总、列表的过程。人力资源统计分析是根据大量的人力资源统计资料，运用统计方法对人力资源的数量、质量以及发展变化规律的描述和剖析。

人力资源统计调查、统计整理、统计分析既是人力资源统计工作过程中相互联系的三个阶段，又是人力资源统计研究的基本内容。人力资源统计工作过程的三个阶段并不是孤立、截然分开的，它们是互相联系、互相穿插的。例如，人力资源统计调查过程中就有对人力资源的初步分析，在整理和分析过程中有时仍需要进一步统计调查。

3) 人力资料统计学

人力资料统计学是指研究人力资源统计的学科。

20.1.2 人力资源统计指标及口径

人力资源统计指标从不同方向和层面反映企业人力资源的数量表现与数量关系。这些相互联系、相互制约的人力资源统计指标群体所构成的体系，被称为人力资源统计指标体系。

1. 人员数量指标的统计

1) 从业人员期末人数

从业人员期末人数是指报告期末最后一日在本单位工作，并取得工资或其他形式劳动报酬的人员数。该指标为时点指标，不包括最后一日当天及以前已经与单位解除劳动合同关系的人员。如果报告期末最后一日是公休日或者是节假日，那么人数按照前一天的人数计算。

2) 从业人员平均人数

从业人员平均人数是指报告期内平均拥有的从业人员数。平均人数的算法主要包括简单平均、加权平均和移动平均三种。

(1) 简单平均。简单平均有两种算法，计算公式为

$$×年平均人数=(×年初人数+×年末人数)/2$$

相关的实例如表20-1所示。

表20-1 按简单平均算法计算的平均人数(一)

人员结构	×年初人数	×年末人数	×年平均人数	平均人数取整
管理人员	115	128	121.5	122
生产人员	242	296	269	269
营销人员	55	60	57.5	58
合计	412	484	448	448

简单平均算法的另一个计算公式为

$$×年平均人数=(×-1年末人数+×年末人数)/2$$

相关的实例如表20-2所示。

表20-2 简单平均算法计算的平均人数(二)

人员结构	×-1年末人数	×年末人数	×年平均人数	平均人数取整
管理人员	115	128	121.5	122
生产人员	239	296	267.5	268
营销人员	55	60	57.5	58
合计	409	484	446.5	447

(2) 加权平均。加权平均的计算公式为

$$×年平均人数=×年初人数×权重+×年末人数×权重$$

$$×年初人数权重=×年初人数/(×年初人数+×年末人数)×100\%$$

$$×年末人数权重=×年末人数/(×年初人数+×年末人数)×100\%$$

相关的实例如表20-3所示。

表20-3 加权平均算法计算的平均人数(一)

人员结构	×年初人数	×年末人数	×年初人数权重	×年末人数权重	×年平均人数	平均人数取整
管理人员	115	128	47%	53%	121.85	122
生产人员	242	296	45%	55%	271.71	272
营销人员	55	60	48%	52%	57.61	58
合计	412	484	46%	54%	450.89	451

另一种加权平均算法的计算公式为

$$×年平均人数=×-1年末人数×权重+×年末人数×权重$$

$$×-1年末平均人数权重=×-1年末人数/(×-1年末人数+×年末人数)×100\%$$

$$×年末平均人数权重=×年末人数/(×-1年末人数+×年末人数)×100\%$$

相关的实例如表20-4所示。

表20-4 加权平均算法计算的平均人数(二)

人员结构	×-1年末人数	×年末人数	×-1年末人数权重	×年末人数权重	×年平均人数	平均人数取整
管理人员	115	128	47%	53%	121.85	122
生产人员	239	296	45%	55%	270.54	271
营销人员	55	60	48%	52%	57.61	58
合计	409	484	46%	54%	449.65	450

(3)月度平均。月度平均的计算公式为

$$\times 年平均人数 = \sum 每月月末人数 / 12$$

相关的实例如表20-5所示。

表20-5　月度平均算法计算的平均人数

人员结构	×年每月月末人数												×年平均人数	平均人数取整
	1月	2月	3月	4月	5月	6月	7月	8月	9月	10月	11月	12月		
管理人员	115	115	117	119	121	123	125	127	128	128	128	128	122.83	122
生产人员	242	247	256	264	272	280	285	289	291	294	296	296	276.00	276
营销人员	55	55	55	56	57	59	60	60	60	60	60	60	58.08	58
合计	412	417	428	439	450	462	470	476	479	482	484	484	456.92	457

月度移动平均的计算公式为

$$\times 年平均人数 = \sum 每月月均人数 / 12$$

相关的实例如表20-6所示。

表20-6　月度移动平均算法计算的平均人数

人员结构	×-1年末人数	×年每月月末人数												×年平均人数	平均人数取整
		1月	2月	3月	4月	5月	6月	7月	8月	9月	10月	11月	12月		
管理人员	115	115	115	117	119	121	123	125	127	128	128	128	128	122.83	122
生产人员	239	242	247	256	264	272	280	285	289	291	294	296	296	276.00	276
营销人员	55	55	55	55	56	57	59	60	60	60	60	60	60	58.08	58
合计	409	412	417	428	439	450	462	470	476	479	482	484	484	456.92	457
月平均人数		410.5	414.5	422.5	433.5	444.5	456.0	466.0	473.0	477.5	480.5	483.0	484.0	453.79	454
月平均人数取整		411	415	423	434	445	456	466	473	478	481	483	484	454.08	454

需要注意的是，月度移动平均是对每个月的月平均人数再进行月平均，是最精确的算法。计算从业人员平均人数时，因计算方法不同会产生统计口径差异，如表20-7所示。

表20-7 平均人数统计口径差异

计算方法	计算公式口径	×年平均人数	平均人数取整	员工人数差异	差异比例
简单平均(一)	×年平均人数=(×年初人数+×年末人数)/2	448.0	448	-6	-1.3%
加权平均(一)	×年平均人数=×年初人数×权重+×年末人数×权重	450.9	451	-3	-0.7%
简单平均(二)	×年平均人数=(×-1年末人数+×年末人数)/2	446.5	447	-7	-1.5%
加权平均(二)	×年平均人数=×-1年末人数×权重+×年末人数×权重	449.7	450	-4	-0.9%
月度平均	×年平均人数=∑每月月末人数/12	456.9	457	3	0.7%
月度移动平均	×年平均人数=∑每月月均人数/12	454.1	454	0	0.0%
年末人数	×年平均人数=×年年末人数	484.0	484	30	6.6%

平均人数统计口径的差异会对年劳动生产效率核算产生影响，如表20-8所示。

表20-8 年劳动生产效率核算

指标	单位	×年						
		年末人数	简单平均(一)	加权平均(一)	简单平均(二)	加权平均(二)	月度平均	月度移动平均
营业收入	亿元	5	5	5	5	5	5	5
员工人数	人	484	448	451	447	450	457	454
人均营收	万元/人	103.3	111.6	110.9	111.9	111.1	109.4	110.1

由表20-8可以看出，在核算劳动生产效率时，可以选取年末人数或平均人数。如平均人数的统计口径不同，也会导致人均营收的差别。

2. 人工成本指标的统计

人工成本是指企业在一定时期内，在生产经营和提供劳务活动中，因使用劳动力所发生的各项直接和间接人工费用的总和。企业人工成本包括职工工资总额、社会保险费用、职工福利费用、职工教育经费、劳动保护费用、职工住房费用、工会经费和其他人工成本支出等。

人工成本分析指标体系主要分三类：一是人工成本总量指标；二是人工成本结构性指标；三是人工成本的效益指标。

1) 人工成本总量指标

人工成本总量指标反映的是企业人工成本的总量水平。

由于不同企业职工人数不同，因此常用人均人工成本来反映企业人工成本水平的高低。该指标可以显示本企业职工平均收入的高低，企业聘用一名职工大致需要多少人工成本支出，企业在劳动力市场上对于人才的吸引力有多大等。人均人工成本能够反映企业职工的工资和保险福利水平，因此能作为企业向劳动力市场提供劳动力的价格信号。企业要提高职工的劳动积极性、吸引高素质劳动者到企业来，就需要建立人均人工成本指标，以便企业对人工成本水平进行更全面的分析和控制，从而有利于企业的生产发展。

2) 人工成本结构性指标

人工成本结构性指标是指人工成本各组成项目占人工成本总额的比例，它反映了人工成本投入构成的情况与合理性。其中，工资占人工成本的比重是结构指标中的主要项目。

3) 人工成本效益指标

人工成本效益指标(人工成本分析比率型指标)是人工成本分析的核心指标，是进行企业人工成本分析控制常用的指标，是一组能够将人工成本与经济效益联系起来的相对数。人工成本效益指标包括劳动分配率、人事费用率、人工成本利润率、人工成本占总成本的比重。其中，劳动分配率、人事费用率是主要指标。

(1) 劳动分配率是指人工成本总量与增加值的比率，表示在一定时期内新创造的价值中用于支付人工成本的比例。它反映了分配关系和人工成本要素的投入产出关系。

(2) 人事费用率是指人工成本总量与销售(营业)收入的比率，表示在一定时期内企业生产和销售的总价值中用于支付人工成本的比例。同时，它表示企业职工人均收入与劳动生产率的比例关系、生产与分配的关系、人工成本要素的投入与产出的关系。它的倒数表明每投入一个单位人工成本能够实现的销售收入。

(3) 人工成本利润率是指人工成本总额与利润总额的比率。它反映了企业人工成本投入的获利水平。

(4) 人工成本占总成本的比重，反映活劳动对物化劳动的吸附程度。这一比值越低，反映活劳动所推动的物化劳动越多；反之，活劳动所推动的物化劳动越少。该指标用于衡量企业有机构成高低和确定人工费用定额。由于各行业要素密集程度不同，有资本密集型、技术密集型、劳动密集型，因此，不同行业的人工成本占总成本的比重可能差异很大，计算公式为

人工成本占总成本的比重=(人工成本总额/总成本)×100%

20.2 人力资源统计分析方法

20.2.1 总体观察法

总体观察法是人力资源统计资料收集即调查阶段采用的基本方法。它是指在对事物了解的基础上，对总体的全部或足够多的单位进行统计观察和登记并掌握与问题有关的全部事实的方法。

20.2.2 综合指标法

统计工作既然是从人力资源的数量方面来认识经济活动，那么就要借助于统计指标，统计指标可分为理论统计指标和应用统计指标。其中，理论统计指标是指综合概括客观信息量的科学概念，它是精简、压缩统计信息量的方法，通常所用的理论统计指标有总量指标、平均指标、相对指标、变异指标等。应用统计指标是一种具体的社会经济范畴，如企业人数、工资额、劳动生产率等。

20.2.3 统计分组法

统计分组法就是根据一定的研究目的和现象的总体特征，按照一定的标志把社会经济现象划分为不同性质或类型的组别的统计方法。

20.2.4 图表法

图表法是以统计表、统计图反映客观现象分布规律和发展趋势的方法。应用图表法时，要把调查得到的凌乱的数字资料整理成统计表，进一步绘制出统计图，以表列或图形呈现客观现象固有的规律，或呈现客观现象发展的某种趋势。

20.2.5 对比分析法

对比分析法是统计分析阶段所采用的基本方法。人力资源现象具有运动性、结构性和系统性，因此在分析、揭示人力资源现象时，人们经常采用对比分析法。对比分析法主要关注以下几个方面。

1. 发展速度和增长速度

(1) 发展速度。发展速度是反映某一现象社会经济发展程度的相对指标。它是某种现象的报告期水平与基期发展水平之比，说明这种现象的报告期水平已经发展到基期水平的百分之几或若干倍。

(2) 增长速度。增长速度是表明社会现象增长程度的相对指标。它是某一现象报告期增长量与基期发展水平之比，用以表示某一现象在这段对比时期内发展变化的方向和程度，分析研究事物发展变化规律。

发展速度和增长速度的联系：相同期间的发展速度减去1即为增长速度。

发展速度和增长速度的区别：发展速度是以相除方法计算的动态比较指标，计算公式为

$$发展速度=某指标报告期数值/该指标基期数值$$

发展速度一般用百分数表示，当比例数较大时，则用倍数表示较为合适。

增长速度则是以相减和相除结合计算的动态比较指标，计算公式为

$$增长速度=(某指标报告期数值-该指标基期数值)/该指标基期数值$$

增长速度的计算结果若是正值，则称为增长速度，也可称为增长率；若为负值，则可称为降低速度，也称为降低率。

2. 同比和环比

(1) 同比。同比是指在同一周期、同一阶段的数据比值。例如，2019年7月份的某类数据与2018年7月份的某类数据相比，就叫同比。同比包括同比发展速度和同比增长速度，计算方法分别为

$$同比发展速度=本期数/同期数×100\%$$

$$同比增长速度=(本期数-同期数)/同期数×100\%$$

(2) 环比。环比是指在相邻两个阶段的数据比值。例如，2019年7月的某类数据与2019年6月份的某类数据相比，就叫环比。环比包括环比发展速度和环比增长速度，计算方法分别为

$$环比发展速度=本期数/上期数×100\%$$

$$环比增长速度=(本期数-上期数)/上期数×100\%$$

20.2.6 统计模型分析法

统计模型分析法是将客观现象的统计资料配合适当的数学表达式，反映客观现象间的数量关系和数量特征，揭示其运动规律的科学方法。常见的统计模型分析法有以下几种。

1. 鱼骨图

1) 内涵及相关术语

鱼骨图是一种发现问题"根本原因"的分析方法，其特点是简洁实用，深入直

观。在制作鱼骨图的过程中，需要通过头脑风暴法尽可能地找出导致"根本问题"的影响因素，按照相互关联性整理成层次分明、条理清晰的鱼骨图。因此，鱼骨图是一种透过现象发现本质的分析方法。

如图20-1所示，"鱼头"称为特性值，填写要解决的问题；"大骨"填写主要因，主要因必须用中性词描述，大骨与主骨保持60°夹角；"中骨"填写次要因，中骨与主骨保持平行；"小骨"填写小要因，小骨与大骨保持平行。

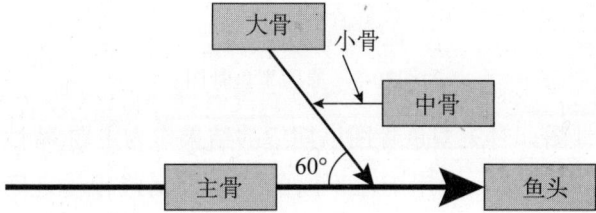

图20-1　鱼骨图

2) 鱼骨图分类

按照鱼骨图的作用，可将其分为三类：整理问题型鱼骨图，原因型鱼骨图，对策型鱼骨图。

(1) 整理问题型鱼骨图。对各类信息进行整理，表示其结构关系，特性值与各要因之间不存在因果关系，适用于将主题分解具体化，以表示其结构的关系，如图20-2所示。

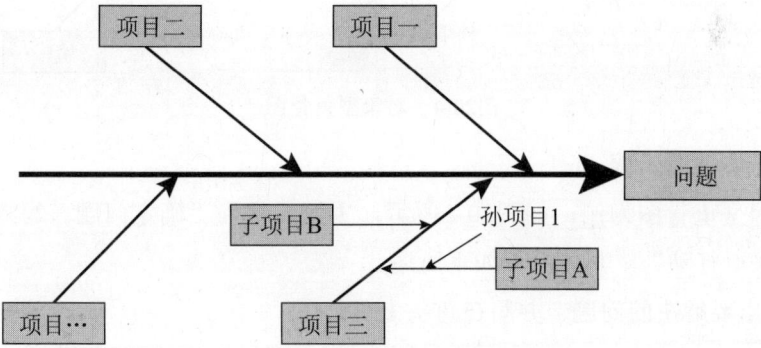

图20-2　整理问题型鱼骨图

(2) 原因型鱼骨图。原因型鱼骨图能对某个观点进行有效分类或将原因和结果联系起来，适用于分析某个问题可能导致的所有原因。绘制原因型鱼骨图时，鱼头在右，特性值通常以"为什么……"来表示，如图20-3所示。

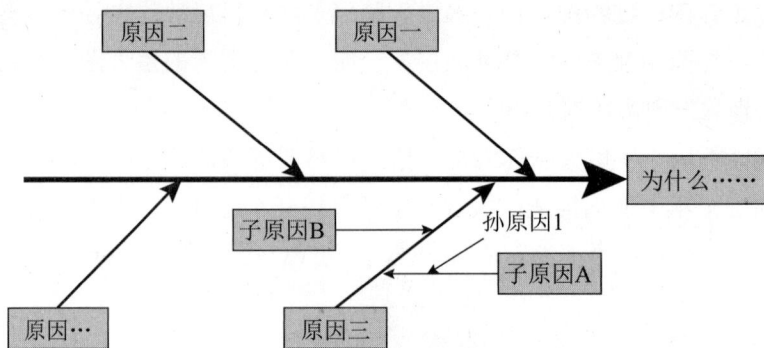

图20-3　原因型鱼骨图

(3) 对策型鱼骨图。对策型鱼骨图以期望的结果作为主题(特性值)，在各分支上标出解决方法或行动方案，适用于在不同的解决方案或行动之间进行选择。绘制对策型鱼骨图时，鱼头在左，特性值通常以"如何提高或改善……"来表示，如图20-4所示。

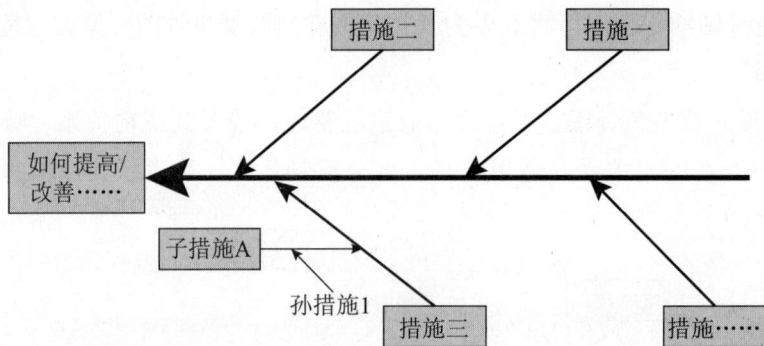

图20-4　对策型鱼骨图

3) 鱼骨图使用步骤

以原因型鱼骨图为例，如图20-3所示，主要流程为"确定问题—写入原因—找出原因—采取行动"，具体流程如下所述。

(1) 列出要解决的问题，并写在鱼头上。

(2) 以团队为单位，利用头脑风暴法，尽可能多地找出导致问题出现的所有原因。

(3) 将找出的原因进行归类整理，明确从属关系，把相同原因分类，在大骨上标出。

(4) 将子原因A、子原因B分别标在中骨上。

(5) 根据不同原因继续分解，并在小骨上标出，直至团队认为无法继续分解，并已经明确了采取何种改进方法为止。

(6) 在图中按照原因主次标出主要原因。

应用鱼骨图分析预算偏差如图20-5所示。

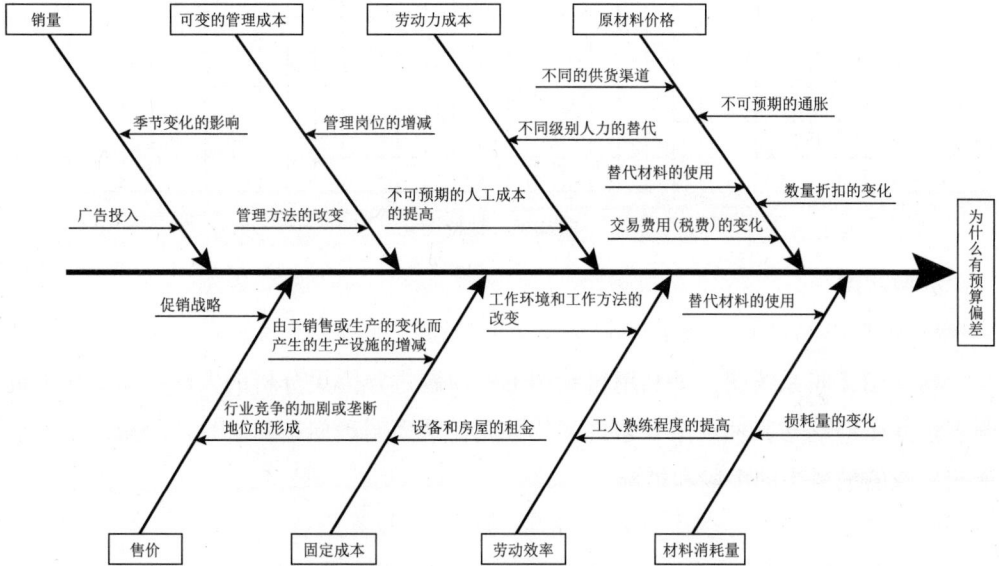

图20-5　应用鱼骨图分析预算偏差

2. 甘特图

1) 内涵

甘特图是以图示的方式，通过活动列表与时间刻度表示特定项目、活动顺序与持续时间的分析方法。甘特图的横轴表示时间维度，纵轴表示活动或项目，线条表示整个期间计划与实际的活动完成情况。甘特图主要关注项目进程管理(时间管理)，可直观地表明任务计划的开始时间、实际进展及完成情况。

2) 甘特图使用步骤

(1) 明确项目涉及的各项内容，包括项目名称、项目顺序、开始时间、持续时间。

(2) 将所有项目按照开始时间、持续时间标注到甘特图上。

(3) 确定项目活动之间的关系及时序进度，按照项目类型将项目联系起来。

(4) 计算单项活动任务的工时量。

(5) 确定活动任务的执行人员及适时按需调整工时。

(6) 计算整个项目时间。

(7) 绘制各个项目的甘特图计划线，并根据项目进展绘制实施线，如图20-6所示。

图20-6 甘特图

3. 树状图

1) 内涵

树状图又叫系统图，是利用树状图形对问题进行因果分析的方法。树状图能清晰表示某个问题与其他组成要素之间的关系，从而明确问题的重点，寻求达到目的所应采取的最适当的手段和措施。

2) 分类

树状图一般可分为两种：一种是对策型，另一种是原因型。

(1) 对策型树状图。对策型树状图以"目的→方法"的形式展开。例如，问题是"如何解决××问题"，则开始发问："如何达成此目的，方法有哪些？"，经研究发现有"方法一"可以解决(以上为一次方法)；将一次方法换成目的，继续发问："应用方法一需要用到哪些方法？"(以上为二次方法)；后续同样将二次方法换成目的，展开成三次方法，最后建立对策型树状图。

(2) 原因型树状图。原因型树状图以"结果→原因"方式展开，与对策型树状图类似，依次展开分析，最后建立原因型树状图。

3) 树状图使用步骤

(1) 明确要分析的问题，记录在左边。如果有限制条件，记录在问题的下面。

(2) 由问题分析"一次因"，依次列于问题的右侧，并连接构建树状图，把主题放在左框内，主要类别放在右边的方框内。

(3) 从"一次因"进行展开，进而分析"二次因"，依次列于"一次因"的右侧，把针对每个主要类别的组成要素及其子要素放在主要类别右边的方框内。

(4) 依照步骤(3)的做法，进而追索"三次因""四次因"……一直追索至不可展开为止。

(5) 整理系统图中的语言描述，确认描述的准确性，不会存在歧义。

(6) 重新确认"问题"和"原因"之间的关系，可依据"因为有×××影响因素的存在，所以才造成×××的问题"的方式进行检查。

利用树状图进行原因分析如图20-7所示。

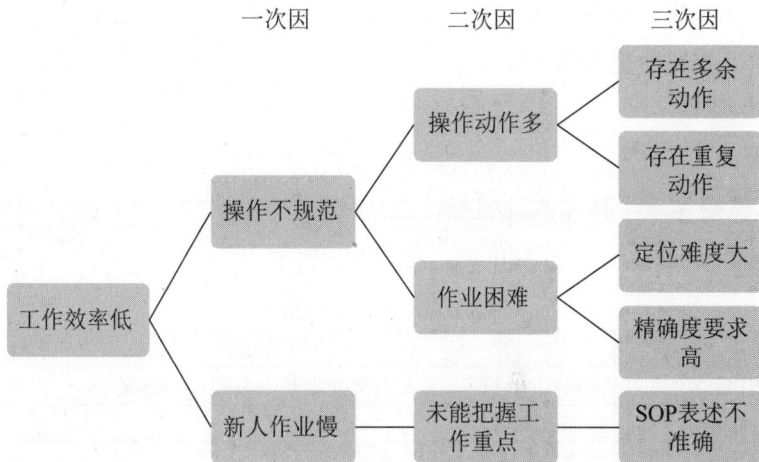

图20-7　用树状图进行原因分析

4. 80/20原则

1) 内涵

80/20原则认为，原因和结果、投入和产出、努力和报酬之间存在无法解释的不平衡，若以数学方式测量这种不平衡，得到的基准线是一个80/20关系，即结果、产出或报酬的80%取决于20%的原因、投入或努力。

80/20这一数据仅仅是一个比喻和实用基准。真正的比例未必正好是80%∶20%。80/20原则表明在多数情况下该关系很可能是不平衡的，并且接近80/20。

80/20原则灵活多用，"它能有效地适用于任何组织、任何组织中的功能和任何个人工作"，它最大的用处在于能够分辨所有隐藏在表面下的作用力，指导人们把大量精力投入最大生产力上并防止负面影响的产生。

2) 80/20法则在核心员工管理中的应用

人力资源的价值遵循80/20原则。从整体来看，20%的员工创造80%的价值，80%的员工只创造20%的价值；从员工个体来看，20%的时间创造80%的价值，80%的时间只创造20%的价值。

基于该原则，企业人才经营的关键是在识别、吸引、留住20%的优秀员工的基础上，提高其工作的价值。员工管理的一项重要工作就是根据个人价值的特点，安排与其匹配的工作，实现企业价值和个人价值的最大化。

为了提高效率和实施专业化管理，几乎所有企业都按专业、职能特点进行工作分工。管理人员的层次分工体现在管理责任、范围大小等方面，通过授权体系达到划分工作层级的目的。而专业技术人员的层级更多地体现在工作的难度、要求上，随着技术发展和更新速度越来越快，每个专业所包含的工作内容越来越丰富，它们之间的要求差异也会越来越大。

5. PDCA原则

1) 内涵

PDCA原则是一个持续改进模型，包括4个循环反复的步骤，即计划(Plan)、执行(Do)、检查(Check)、处理(Action)，如表20-9所示。

表20-9　PDCA内涵

阶段	说明
计划(Plan)	通过团队讨论、个人思考确定某一系列行动方案
执行(Do)	按照方案执行
检查(Check)	检查执行人的执行情况
处理(Action)	对检查结果进行处理，认可或否定

2) 特点

(1) 大环带小环。如果把整个企业的运营流程看作一个大的PDCA循环，各个部门则有各自小的PDCA环，大环带动小环，有机构成一个运转体系，如图20-8所示。

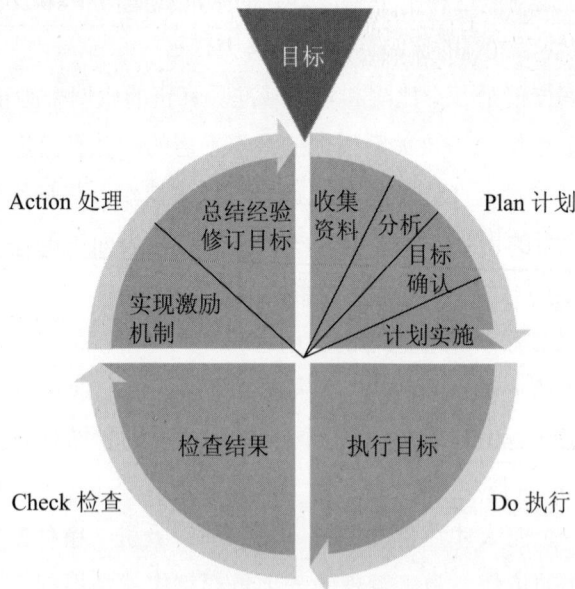

图20-8　PDCA大环带小环

(2) 阶梯式上升。PDCA循环不是在同一水平上循环，每循环一次，就解决一部分问题，取得一部分成果，工作就前进一步，水平就提高一个层次。到了下一次循环，又有了新的目标和内容，如图20-9所示。

图20-9　PDCA阶梯式上升

3) PDCA循环应用步骤

PDCA循环的应用步骤如表20-10所示。

表20-10　PDCA循环应用步骤

阶段	步骤	主要方法
P	1. 分析现状，找出问题	排列图、直方图、控制图
	2. 分析各种影响因素或原因	因果图
	3. 找出主要影响因素	排列图、相关图
	4. 针对主要原因，制订措施计划	为什么制定该措施(Why)
		达到什么目标(What)
		在何处执行(Where)
		由谁负责完成(Who)
		什么时间完成(When)
		如何完成(How)
D	5. 执行、实施计划	
C	6. 检查计划执行结果	排列图、直方图、控制图
A	7. 总结成功经验，制定相应标准	制定或修改工作规程，检查规程及其他有关规章制度
	8. 未解决或新出现的问题转入下一个PDCA循环	

6. 5W2H原则

1) 内涵

5W2H原则用5个以"W"开头的英语单词和两个以"H"开头的英语单词设问，发现解决问题的线索，寻找思路，进行设计构思，从而解决问题。5W2H原则用于制定决策和执行性活动措施，有助于弥补考虑问题的疏漏，如表20-11所示。

表20-11 5W2H原则内涵

项目	解释
Why	为什么：为什么要这么做？理由何在？原因是什么
What	是什么：目的是什么？做什么工作
Who	谁：由谁来承担？谁来完成？谁负责
When	何时：什么时间完成？什么时机最适宜
Where	何处：在哪里做？从哪里入手
How	怎样做：如何提高效率？如何实施？采用什么方法
How much	多少：做到什么程度？数量如何？质量水平如何？费用产出如何

2) 5W2H原则的4个层次

5W2H的4个层次如表20-12所示。

表20-12 5W2H原则4个层次

项目	层次1	层次2	层次3	层次4	定论
Why	什么原因	为什么是这个原因	有更合适的理由吗	为什么这是更合适的理由	定因
What	什么事情	为什么做这件事情	有更合适的事情吗	为什么这是更合适的事情	定事
Who	是谁	为什么是他	有更合适的人吗	为什么他是更合适的人	定人
When	什么时间	为什么在这个时候	有更合适的时间吗	为什么这是更合适的时间	定时
Where	什么地点	为什么在这个地点	有更合适的地点吗	为什么这是更合适的地点	定位
How	怎样去做	为什么采用这个方法	有更合适的方法吗	为什么这是更合适的方法	定法
How much	花费多少	为什么需要这些费用	有更合理的费用吗	为什么这是更合理的费用	定费

3) 5W2H原则在人员培训中的应用

在培训计划表里明确培训课程、讲师、受训部门和对象、培训时间和地点，利用5W2H原则对人员培训进行分析，如表20-13所示。

上承战略 下接数据——人力资源规划从入门到精通

表20-13 利用5W2H原则对人员培训进行分析

项目		解释
Why	培训原因	培训需求分析
What	培训内容	依据培训需求分析，通过前期的培训需求调研，总结分析真实培训需求，根据需求制定培训课程
Who	培训讲师和培训对象	确定培训讲师和培训对象
When	培训时间	明确的时间进度，安排各项培训的具体时间
Where	培训地点	根据课程形式选择培训地点，如培训室、工作现场、室外(拓展训练类)
How	培训方法和流程	培训方法：面授式，座谈分享，头脑风暴，播放视频，E-learning，拓展训练等 培训流程：制定规范的培训流程，将责任落实到个人，包括但不限于前期培训宣传、讲师协调、课程安排、培训现场管控、培训效果调查、培训总结等
How much	培训效果评估与成本费用	我们的培训是否有效，哪些问题需要改善。效果评估可以采用观察法、面谈法、绩效考核法等